OMUPブックレット No.52　　URP「先端的都市研究」シリーズ2

居住福祉を切り拓く居住支援の実践

日本居住福祉学会・大阪市立大学都市研究プラザ共編

第1章	居住支援アプローチと居住福祉の実践	全　泓奎	3
第2章	本人を主体とした居住支援 ―岡山における入居支援活動―	野村　恭代	8
第3章	愛知共同住宅協会の無料電話相談「ヘルプライン」を通した居住支援事業	岡本　祥浩	12
第4章	「不安定居住者」に対する居住保障の模索 ―台北市を事例に―	中山　徹	18
第5章	居住福祉産業の思想と可能性	神野　武美	22
第6章	障がいのある人への居住支援	小板橋　恵美子	27
第7章	城中村問題からみる中国の居住貧困問題と社会的排除	閻　和平	32
第8章	単身高齢・居住困窮者への居住支援	小林　真	37
第9章	千里ニュータウンは誰もが安心して暮らし続けることのできるまちなのか	石川　久仁子	41
第10章	香港における都市問題の現状と居住福祉の役割に関する一考察 ―マルクス経済学のアプローチからみて―	コルナトウスキ　ヒェラルド	50
第11章	ホームレス支援における届出なしのケア付支援住宅の現状	水内　俊雄	56
第12章	日韓の社会的企業が取り組む居住福祉問題	水野　有香	69
第13章	団塊の世代を中心とした高齢期の居住に関する意識	黒木　宏一	74

【著者紹介】　80

第1章　居住支援アプローチと居住福祉の実践

全　泓奎

　日本居住福祉学会は，安心できる「居住」は生存・生活・福祉の基礎であり，基本的人権である，という考えに基づき，「健康・福祉・文化環境」として子孫に受け継がれていく「居住福祉社会」の実現に必要な諸条件を，研究者，専門家，市民，行政，企業等が共に調査研究し，これに資することを目的とした活動を行っている。とりわけ2014年は，全国各地に展開する支部主催による居住福祉セミナー開催の他，居住福祉概念の国際的な比較や実践の共有に向けた「国際比較居住福祉セミナー」，そして定例で開催している全国大会をはじめ研究集会等，活発な研究活動を行ってきたところである。さらに，同年，神戸で第12回日中韓居住問題国際会議を中国・韓国の関連学会と共催し100名をはるかに超える参加者で賑わった。本書では，これまでの活動で取り上げた論題を紹介すると共に，近年，空家や公営の空き住戸などを活用した居住困窮層への居住支援に関わる実践や，理論的な裏付けなどへの関心が増えつつあることを鑑み，「居住支援」に焦点を当てた各地の「居住福祉」の実践例，そして政策支援に向けた課題等に関して論ずる。本書は，都市研究プラザ先端的都市研究拠点との共同研究による成果として刊行するものであり，日本居住福祉学会の社会貢献の一環という位置付けでもある。日本居住福祉学会への入会に関しては，本学会のホームページ（http://housingwellbeing.org/entry/）を参照されたい。

　本書は，2014年開催した国際会議で実行委員を務めた学会理事を中心に「居住支援」に関わる各地での取り組みをまとめたものである。それに先立ち，本章では，居住支援に関わるアプローチについて紹介することにしたい。

　近年，空家等が増加する中，住宅を必要としている高齢者や障がい者などの住宅困窮層への支援手段として，日本でも「居住支援」が重要なキーワードとして浮上している。具体的な実践を考えていくための切り口として，先行的な取り組みを行ってきた欧米のモデルがこれからの居住支援を考えていく際に参考になる。

　これまで，ホームレスなど居住困窮層に対する伝統的な福祉サービスの割り当てでは，規則に縛られた集団的な施設への収容や自立の強調，そして臨時的

で緊急保護的なサービスの供給が強調されてきたが，その機能と有効性は評価の分かれるところである。このような問題を先に経験してきた欧米では，ホームレス問題に対する直接的なサービスの供給から国家が撤退し，それに代わる国家の政策方針として，後方支援的かつコーディネート的な役割にシフトしてきた（Edgar, et. al, 2000）。そのような流れの上に創り出されたアプローチとして，「サービス付き住宅（Supported Housing, 以下，ＳＨ））と「ハウジング・ファースト・アプローチ（以下，ＨＦ）」が知られている。

　日本では，2002年8月に制定された「ホームレスの自立の支援等に関する特別措置法」を皮切りに，ホームレス自立支援事業が全国的に展開されるようになった。自治体独自の事業としては，東京都が2004年より都区共同事業として「ホームレス地域生活移行支援事業」を開始し，借り上げた住居を路上生活者に低額の家賃で原則2年間貸し付け，生活支援を行う事業が試みられてきた。この事業は，施設への入所を経ずに，路上からアパートへの即入居を支援し生活サポートも同時に実施するという面で革新的で，支援者や研究者の間ではその有効性が期待された。しかし一方で，ホームレスの人々に対する公園からの排除問題，支援終了後の生活と就労の確保，低質環境問題等が問題点として指摘された。

　ヨーロッパでは，社会的排除アプローチが社会政策と都市政策分野において注目を集めてきた。その概念の特徴は，貧困化を伴うメカニズムの「多次元性」と「動態的なプロセス」に注目している点にある。貧困への対応も，「分配的関心」から「関係的対応」へと焦点が変化している。つまり，所得や資産の有無という結果論的な状態によって貧困のいかんを判定するのではなく，不利益を被る個人や集団が社会の組織や制度への参加から閉ざされていく「プロセス」に焦点が移り変わったのである。したがって，これに対する政策対応としては，排除されている個人や集団に変化を求めるのではなく，それらの個人や集団がより参加しやすくなるよう，関連制度や組織の変化を促すことが前提となるべきであると主張されている。

　では，このような社会的排除アプローチを居住問題に結び付けて考えるとき，どのような側面を考慮すべきであろうか。そしてそれに関連した対応はどのような形で行われるべきであろうか。これらの問題を解いていくために，ここでは居住困窮層の住まいに対応した欧米のアプローチを検討してみることにしたい。

第1章　居住支援アプローチと居住福祉の実践

　先述したように，欧米では国家の役割変化と並行する福祉サービスのオルタナティブ的なプロバイダーとして，市民の中からボランタリーなNPOが登場し，より包括的かつ多次元的な支援アプローチを試みてきた。とりわけ，ホームレス支援に関連してはここ15～20年間にわたり登場した「SH」と「HF」が注目される。

　SHは，ホームレスの人々への社会的排除をなくすため考案された数多くの政策対応の一つである。そこでは，できるだけ自らの生活環境を自らがコントロールするためにエンパワーメントすること，住環境のノーマライゼーションや自立生活の多様性を認めることなどがうたわれている。

　このSHは，支援サービスの目的，個人のニーズとホームレス化の経路にしたがって，図1-1のような4つのシナリオが想定されている。

	供給目的			
	A	B	C	D
住宅	恒久	恒久	移行	移行
支援サービス	恒久	移行	恒久	移行

出所：Edgar et.al (2000)

図1-1　SHにおける4つのシナリオ

【シナリオA】では，利用者が可能な限り自立した生活を送れるような形で，恒久的な住まいとサービスが計画・提供される。すなわち特定の目的を持ったサービス付き施設や住宅であり，そこに居住するためには，それらの支援サービスを受けることが条件となる。

【シナリオB】は，一時的な支援サービスを必要としている人々に当てはまる。住宅は恒久的であり，そこに居住する際は必ずしも支援サービスに応じることが前提とされてはいない。必要な場合は「在宅支援サービス（support in housing）」が提供される。

【シナリオC】は，恒久的な支援サービスが求められ，施設からコミュニティベースのケアサービスへと転換していくことを意味する。施設から脱却した後，支援付き宿所や移行期宿所などが提供され，アセスメントが施される。これはしばしば「ケアの継続（continuum of care）」に関連している。

【シナリオD】は，短期的な宿所と支援サービスが必要な状態である。例えば，若者の場合，自立した生活を送るために必要な生活スキルを獲得する間，臨時的な支援サービス等が必要となってくることもある。また個人的な危機状況（DV，ドラッグ等）に対応するため必要な場合もある（Edgar et al., 2000）。

以上，SHに関連しては，一つの固定した施設の枠に当事者のニーズを閉じ込めるのではなく，当事者のニーズに合わせてさまざまな形で支援できるようシナリオが用意されている。アメリカの場合，1990年代以来，ホームレス対策を「ケアの継続（continuum of care）」モデルに基づいて行ってきた。これは行政施策的な性格が強く，ホームレス生活の防止，アウトリーチ活動，緊急シェルター，通過施設，支援サービス，恒久住宅から構成される，一連の相互連続的なサービスからなるプログラムである。これに対し，HFは，民間のホームレス支援団体により主唱され，本格的に展開することとなったプログラムである。Kertsezら（2009）によると，HFとは1999年に「ホームレス状態をなくす全米連合」（NAEH）によって初めて使われた表現であるという。具体的にはアウトリーチ活動を通じて出会った慢性的なホームレスを対象に，いかなるサービスの受入をも求めずに住宅への移行を支援し，その後も定期的な訪問相談を行っている。マール（2004）はロサンゼルス市の例を挙げ，民間団体の「ビヨンド・シェルター」の活動を紹介している。それによると，この活動の中でホームレスは緊急シェルターや通過施設を経由せずに直接「サービス付き住宅」に入居する。それは，住宅を最優先に考えること（ハウジング・ファースト）が当事者の尊厳を取り戻し，自立を達成する上で有効であると考えるからである。HFは居住とサービスを一体化した複合的な支援モデルであるため，入居後のアフターケアの実施によっては一定の成果が上がっている，という報告もある。

以上のような特徴を持つHFとこれまでの伝統的な支援アプローチである「ケアの継続」アプローチとの最も大きな違いは，恒久住宅を優先すべきものとして据えているか，あるいはそれをゴールとしてしか考えていないかにある。その他，HFでは入居後に治療プログラムなどへの参加が強要されないことも特徴といえよう（表1-1参照）。

表1-1 「ハウジング・ファースト」アプローチ

	居住支援のタイプ	支援サービス	支援対象者の類型	薬物関連対策
Housing First アプローチ	恒久的な住宅を活用。供給される住宅はプログラムによって変わる（共同居住，混住，民間住宅市場）	アセスメント，住宅管理支援，様々なレベルの支援サービス，事例管理，場合によってはオンサイトで医療やメンタルケアを実施	深刻な精神疾患を持つ慢性的なホームレス，疾患や薬物経験を持つ者	薬物関連サービスが提供 抑制や治療プログラムへの参加は求められない
伝統的な支援アプローチ (Linear aproach)	治療や中毒安定化プログラムを持続的に行う緊急保護シェルター，トランジショナル・ハウジング，恒久の支援付き住宅，グループホーム，あるいは戸建て	状況によって異なるが，薬物，あるいは心理治療が求められる	文字通りホームレス，一般に薬物問題を兼ねているか，あるいは精神疾患を抱えている場合が典型的	抑制や治療プログラムへの参加が求められ，治療の一部として実施

出所：Kertesz et.al（2009）

以上のような欧米の居住支援のモデルを日本での居住支援の実践にどう応用し，既存の活動の一層の充実化のために生かしていくか，居住福祉学会としての取り組みを期待したい。

参考文献

Edgar, B., J. Doherty and A. Mina-Coull, 2000, *Support and Housing in Europe: Tackling social exclusion in the European Union*, Bristol: The Policy Press.

Kertesz, S.G. et al., 2009, Housing First for Homeless Persons with Active Addiction: Are We Overreaching?, *The Milbank Quarterly*, Vol.87, No.2, pp.495-534.

Tsemberis, S, A. Gulcur and M. N. Nakae, 2004, Housing First, Consumer Choice, and Harm Reduction for Homeless Individuals With a Dual Diagnosis, *Research & Practice*, Vol.94, No.4, pp.651-656.

マール・D・マシュー，2004，「地方政府のホームレス生活者対策：ロサンゼルス郡の「ケアの継続」とホームレス問題経営の限界」，中村健吾他編著，『欧米のホームレス問題（下）：支援の実例』，法律文化社

第2章　本人を主体とした居住支援
―岡山における入居支援活動―

野村　恭代

1．おかやま入居支援センターの概要

　おかやま入居支援センター（以下，入居支援センター）は，2009（平成21）年3月より岡山県内全域を対象として，障害者，刑余者，高齢者，ホームレス等のいわゆる「居住弱者」と呼ばれる人々への支援を展開している特定非営利活動法人（以下，NPO法人）である。入居支援の対象者は，①高齢者（原則65歳以上）または障害者，②入居できるアパート等の確保が困難な者となっている。なお，支援を希望する場合には申し込みが必要となるが，その際には支援ネットワーク形成を理由として，当該NPO法人の会員または関係機関の担当者（行政機関，医療機関，事業者，成年後見人，不動産仲介業者等）とともに来所することを原則としている。

　入居支援センターの活動目的は，「住居の確保が困難な高齢者や障害者等の物件への入居を支援すること」である。当該法人は弁護士，司法書士，行政書士，社会福祉士，精神保健福祉士，宅地建物取引業者，税理士，医師といった多種多様な専門職で構成される。

　当該法人による入居支援の特徴は，2点に大別される。1点目は，支援者による居住場所の斡旋を行うのではなく，支援対象者自らが希望する物件を選び入居することを前提としている点である。入居支援センターの役割は，本人が住みたい場所や居室を決めるまでのプロセスを支援することにある。また，入居を支援するにとどまらず，安定した地域生活を支えるための支援ネットワークを形成し本人の日常生活を支える役割も果たしている。2点目は，入居時の保証人機能である。状況に応じて，法人として入居契約時の緊急連絡先や連帯および身元保証人としての役割を担っている。なおここでの保証人は，金銭をもって身元保証などを行う民間保証会社とは異なり，さまざまな人的支援ネットワークにより家賃の不払いや支援サービスの不足を解消し，安定した居住場所の確保と対象者の心身の安定を図ることにその役割がある。

　入居支援センターによる具体的な支援の流れについては，支援申し込み以降，入居支援を希望する者と支援関係者・機関からの情報をもとに，月1回開催さ

れる理事会にて審議を行うことから始まる。次に，理事会で決定された支援担当理事と本人との面談やケース会議を複数回実施しながら，支援関係者を巻き込んだ支援ネットワークを形成し，状況に応じて入居希望物件の確認や不動産業者，大家との連絡調整を行う。

　希望物件への入居後も，心身の安定や生活上の課題解決に向けた支援をチームとして継続して展開する。担当理事の配転については事例ごとに異なり，司法や福祉，医療の専門性の必要度に応じて決定され，状況によっては複数の理事が担当となることもある。このように，専門性に応じた担当者の配転が可能である点は，多職種の専門職により構成される入居支援センターの強みの一つであろう（図2-1）。

　ここで支援ネットワークの必要性について，入居支援センターは次の3点を挙げている。①地域社会や本人の不安を解消するためには医療と生活の両面からのサポート体制を整える必要がある，②入居可能な物件を増やしていくためには，医療と生活および財産管理の支援の情報を不動産仲介業者に提供することで賃貸人の不安を軽減する必要がある，③一つの機関が単独で生活を支えることが困難であったとしても，医療機関・関係事業所・行政機関・不動産仲介業者・財産管理者などの多数の関係者が入居と生活を支える仕組を作ることにより，多くの対象者の地域生活が可能となる，というものである。

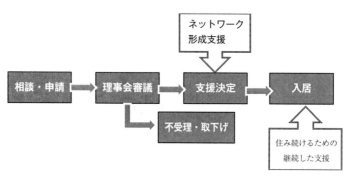

図2-1　入居支援の流れ

　なお，支援を受ける際の費用に関しては，相談および申し込みの時点では費用はかからない。その後，入居支援が決定すると支援対象者は当該NPO法人の協力会員になる必要があるため，会への入会と年会費5,000円を支払わなけ

ればならない。

2．入居支援活動の動向

入居支援センターでは活動開始以降，2013（平成25）年4月時点で125件の支援希望申請があり，延べ88件の支援を行っている。また，理事会での支援に関する審議結果については，「支援決定」「取下げ」「不受理」「保留」の4つに分類される。

なお，125件の審議結果は，支援決定88件（70.4％），取下げ19件（15.2％），不受理5件（4.0％），保留13件（10.4％）である。

申請に至るプロセスを見ると，県内のさまざまな機関，事業所などからの紹介により，本人を支援する専門職を通じて申請が行われている。本人が直接，入居支援センターの窓口に来所することもあるが，約9割は関係機関などからの紹介となっている。また，入居後は，死亡で退去となる事例および本人の希望により広い物件に転居した事例が数件あるものの，現在に至るまで居住している対象者が大部分を占めている。

入居支援センターへの申請者の約3割は精神障害者であり，その多くはこれまでに障害を理由とした物件提供の拒否を経験している。さらに，親族による身元保証などが困難な状況にある者が大半である。その結果，たとえ退院が可能な状態であっても居住先がなく入院生活を余儀なくされる場合もある。また，支援ネットワークが形成されていないことにより，一度退院しても再入院に至るケースも多い。支援ネットワークの形成は居住弱者が地域生活を送る上で必要不可欠な要素であり，ネットワークについては，財産管理，福祉サービスの充足など対象者の抱えるさまざまな課題に対応が可能となるよう，医療，福祉，司法，行政，不動産業者，地域住民等による多職種・多人数での形成が重要である。

3．今後の入居支援のあり方

入居支援センターの提供する入居支援においては，制度やサービスを軸とした支援方針の決定は行わず，対象者自身の住みたい場所や希望する暮らしをもとに居住物件を決定している。また，生活におけるさまざまな不安や課題を解

消することができるよう居住物件や支援方法の検討を行い，対象者一人ひとりへのオーダーメイドの支援を行っている。

　一方，これまで展開されてきた入居支援においては，支援者側が本人へのアセスメントに基づき「本人に適している」と考える居住の場を斡旋するといった支援が多く見られた。つまり，対象者本人の住みたい物件や希望する暮らしに焦点を当てるのではなく，その時点での限られた選択肢の中から支援者の判断に基づき住まいが選択されてきたのである。

　従来，精神障害者や知的障害者等の住まいの場の確保が困難である理由としては，住まいの場を提供する側のトラブル発生への不安や恐れが指摘されている。しかし，本人の希望する住居へ入居することにより，これまで心配されてきた「トラブル」の起こる確率はきわめて低いものとなるのである。

　以上，入居支援センターによる支援活動の特徴などについて述べてきた。本人を主体とした入居支援には一定の効果が期待されるものの，対象者の単身生活における「孤立感」や「孤独感」という課題がすべて解消されるわけではない。そのため，今後は住む場所の提供で入居支援を終結するのではなく，自分らしくその場所で定着して「暮らす」ことが可能となるよう，日中の居場所や就労の場，余暇を過ごす場所，友人や知人など新たなつながりを作ることなどを包含した支援のあり方が求められる。

　また，入居支援センターの関与する事案においても，物件管理者や近隣住民からのコンフリクトの発生などにより，障害者等の入居を拒む不動産業者も多いのが現状である。今後，入居支援活動を展開する機関においては，入居前から入居後に至るまで連続性のある一貫した支援を行うことにより，居住者および地域住民双方のあらゆる不安を除去することが期待される。

第3章　愛知共同住宅協会の無料電話相談「ヘルプライン」を通した居住支援事業

岡本　祥浩

　本章は，愛知県下唯一の民間賃貸住宅の大家を中心とした公益社団法人愛知共同住宅協会の無料電話相談「ヘルプライン」を通した居住支援事業を紹介する。この事業は，2012年度より交付されている愛知県「NPO等が行う生活困窮者等支援事業補助金」事業の一部である。事業全体は「見守り大家さん」事業と名付けられ，大家への見守り実態アンケート，ほのぼのエピソードの募集，講演会，交流・研修会，無料電話相談「ヘルプライン」で構成されている。「ヘルプライン」は，入居者，住宅を失いそうな人，支援者，大家，行政担当者を対象とし，広く居住問題一般の相談を行っている。本章の紹介は，2013年度（2013年4月1日～2014年3月31日，「見守り大家さん事業」の問い合わせや大家からの相談を除く）の相談に基づいている。

　居住生活は住宅がなければ成り立たない。住宅の立地で利用しやすい病院，学校，商店や通勤可能な職場が決定される。住宅の広さや設備が住宅内の生活を限定する。自分にあった住宅を見つけることで自分の望んでいる生活が実現できる。ところが自分にあった生活を実現できる住宅を見つけることは容易ではない。まして心身機能に障害を持つ者，子どもを抱える者，仕事を失った者，保証人を提示できない者，人間関係がこじれた者，高齢者，女性，未成年，外国籍，滞納履歴のある者，刑余者，住宅や社会制度に関する知識や情報が少ない者などさまざまな困難を抱えている者が本人にふさわしい住宅にめぐり合える可能性は低い。見守り大家さん「ヘルプライン」はそうした人々のために開かれた社会との窓口である。「ヘルプライン」では寄せられた相談に電話を通して対処するが，要望や要求だけでなく，その経緯や背景に踏み込んで当事者の状況を把握する。当事者の状況に合わせて必要な機関や社会資源と連携するためである。自治体，病院，社会福祉施設，支援団体などの窓口にチラシを配布し，事業内容の周知を図っている。当事者に必要な住宅を紹介するには大家のみならず，不動産仲介業者の協力も欠かせない。当事者だけでは解決できない問題も，専門家ひとりでは解けない問題も，団体や機関が連携することで解決することが増える。この3年間の活動を通した問題解決は，多くの人々に

「見守り大家に相談すれば何とかなるかもしれない」という期待を抱かせるようになり、愛知県下の居住支援ネットワークが強化された。
　以下に居住困難な状況ごとの居住支援活動の概要を紹介する。

転居指導された生活保護受給者

　生活保護受給者で住宅扶助額を超える家賃の住宅に住んでいる場合、転居指導を受ける。生活保護で暮らしを支える場合、住宅扶助額以内に家賃を抑えないと、生活の水準が低下することが容易に想像できる。住宅扶助額以上の家賃に住んでいる理由はさまざまであるが、健康と配偶者の問題に大別される。病気によって失職し、生活保護を受給するようになる場合と、配偶者の死亡や離婚の場合がある。若年女性は、離婚で子どもを抱えている場合がある。
　少なくとも転居指導を受けるまで暮らしてきた住宅に住んでいるので、できるだけその居住水準を低下させたくなく、転居に向けた行動が鈍い場合が多い。しかしながら「生活保護受給」（保証人無）、「母子世帯」という条件で、なおかつ市街地中心部で住宅扶助基準内の賃貸住宅を探すことは困難が多い。仲介業者も店舗で当該人の状況を確かめたい、という心理が働くようですべての該当物件を相談の最初には提起してこない。

住宅ローン破綻や家賃滞納者

　家賃滞納の原因はさまざまある。その原因は、仕事、病気や怪我、家族や同居者、その他の問題に区分できる。仕事の問題は派遣就労による不安定性が原因である。短期間のうちに仕事があったり、なかったり、就労時間や職場の変更も頻繁である。そうした不安定な生活の合間を縫って、当事者と連絡を取りながら、次の転居先を探す。
　病気や怪我が原因の場合は、転居後の暮らしが成り立つように医療機関の立地を見極めながら、身体機能に合った住宅設備のある住宅を探す必要がある。
　家族や同居者の問題は、家賃を負担していた同居人の退去である。多くは婚姻関係などの人間関係が問題になるが、高齢の場合には心身の状態による同居者の退去もある。特に、外国籍の場合に法的手続きが遅れていたり、成立していなかったりする場合があり、配偶者が退去するなどして家賃の滞納が発生し

ている。家賃滞納の事実は相談されるが，その背景や解決に影響を与える家族関係について報告を受けるまでには時間を要し，外国籍の場合は日本語によるコミュニケーションが困難な場合もある。その他の問題には，盗難や警察での拘束という事例もある。

いずれにしても家賃滞納には背景にさまざまな問題があり，その原因を解決しなければ再び住居を失う可能性が高くなる。当事者によってはさまざまな借金を繰り返している場合もある。負債を抱えたままでは住宅を確保しても生活が再建できず，自己破産に至る場合もある。

家賃滞納者が新たな住宅を探す場合に問題となるのは，「生活保護受給」(保証人無)，「家賃滞納履歴」，「精神疾患」である。当事者は社会福祉協議会や自治体の社会福祉関係部局に相談している場合が多いので，行政機関との連携を密にしながら，当事者の家賃滞納履歴が障害とならない保証会社を利用したりして新たな住居を探している。

住宅が取り壊される人々

住宅が取り壊される人々はほとんどが高齢者である。高齢者は，労働市場から排除され低所得や無職である場合が多い。貯蓄があれば，転居の選択肢は広がるが，老朽住宅に住み続けている高齢者は貯蓄も少ない。高齢者は多くの場合疾病を抱え，通院や介護の必要性さえある。耳が遠かったり，認知機能の低下があったりしてコミュニケーションの支障も問題である。

住宅が取り壊される高齢者の暮らしが成り立つように通院可能な範囲の住宅が探せるまで，不動産仲介業者と当事者の間を取り持つ。当事者が生活保護受給者であれば役所の担当部局，不動産仲介業者，当事者の三者の間を取り持つこととなる。

離婚や不仲のために安定した住居を失った人々

離婚や同居者との人間関係の悪化による居所の喪失は，弱者に困難が及ぶ。若年の場合は女性が多く，妊娠や出産の問題を抱える者もいる。未成年者は契約できないなどの困難もある。母子生活施設や宿所提供施設などとの連携が欠かせない。また，児童福祉施設での生育経験を持つ者など貧困の継承問題など

もある。

　中高年の場合，同居者と不仲になる背景に疾病や障害が存在する。介護や看護の疲れ，経済的な困窮などが同居者間の人間関係を悪化させ，退去に至っている例が多い。複数の行政施設や医療機関の立地などを勘案しながら適切な住宅情報の提供を行っている。

居住が継続できない人々

　住宅の契約者がいなくなった場合に同居者の居住の継続が困難になる。契約者がいなくなる理由は死亡，施設入所，退去などさまざまである。居住を継続している同居者もさまざまな生活困難を抱えている。生活保護受給，高齢，外国籍，子どもを抱えているなどである。その上，契約者の死亡や施設入所などの理由は保証人として不適格となり，保証人の選任も困難を極める。高齢の場合，保証人の選任に高齢者住宅財団の制度を活用する場合もある。

DVなどで安心できる住居を失った者

　DVの被害者は女性である場合が多い。そして子どもを伴って新たな住居を探す必要性に迫られる。母子の生活を支えるには仕事が必要であるが，子どもの生活のためには保育施設や学校への通いやすさも大事である。家庭内暴力は肉体的のみならず精神的な暴力もある。被害者は精神的な疾患を抱えている者も多い。配偶者や同居者のDVから逃れるために転居したにもかかわらず，見つかってしまう例もある。被害者との転居の相談は同居者に悟られないように郵便の届く時間，ファックスを送る時間，電話をかける時間など最大限の注意を要する。

　また，数は少ないが男性が女性からDVを受けていると考えられる例もある。

寮・社宅などから退去させられる者

　寮や社宅，借家などから退去を求められる一般的な理由は失職である。失職原因の多くは疾病であるが，退去理由は出産や親族の犯罪，ペット飼育などの居住規則違反まで幅広い。転居先としてその原因に対応した住居を探す必要が

ある。職を失っている者は収入がないので生活保護受給などの支援が必要となり，管轄自治体との連携が必要である。通院条件も重要である。ペット飼育が許容されるなど居住規則の適合性の確認も必要となる。

退院，退所後の家がない人々

　入院の必要な傷病の場合，不安定な就労形態であるほど就労の継続が困難で退職，住居の喪失に至る場合が多くなる。病院のケースワーカー，生活保護を受給するために管轄自治体の担当者との連携，保証人となってくれる団体との連携も必要である。

　宿所提供施設などの施設に入居している者はホームレス経験者である場合が多く，安定した住居への転居も重要な支援である。生活困窮者の支援を行っている団体や施設運営団体との連携は不可欠である。警察に拘留された者の居住支援もある。この場合は担当弁護士との連携が不可欠となる。

家を失っている人々

　住居を失った者の支援は，ホームレス支援団体，愛知県や当該自治体との連携が不可欠である。関係団体や管轄自治体と情報交換を緊密にしつつ，当事者の希望に合った暮らしが実現できるように居所を探す。就労が困難な場合には生活保護受給のために管轄自治体との連携が欠かせない。

新たな住宅を探している人々

　さまざまな理由で新たな住宅が必要な人々がいる。家族がそれぞれの生活を送りたい，住宅が老朽化している，居住地の環境を改善したい，親が施設を退所する，心身の障害，加齢や家賃負担の軽減，社会福祉施設からの退所，世帯規模の拡大などである。それぞれの改善したい問題に合わせた住宅の選定が必要である。

まとめ

　一般に低所得者が本人の暮らしに合った住宅を探す場合の障害は，「公営住宅・低家賃民間賃貸住宅の減少」，「収入の低下」，「保証人の不在」である。しかし，居住困難は経済的な困窮や住宅の欠乏だけでなく，それらにかかわるさまざまな原因をきっかけに当事者に降りかかる。住宅を取得・維持する社会経済の条件を改善させる政策は必要であるが，居住貧困を引き起こすさまざまな出来事に対処する方策も必要である。住宅取得について情報の非対称性が指摘されるが，居住困難を解決する社会的資源の情報普及も進んでいない。「見守り大家さん」事業を通して居住を支援する社会的資源のネットワークがより進展することを期待したい。

参考文献

岡本祥浩，2014，「愛知・見守り大家さん」ヘルプラインの相談事例にみる居住困難，『居住福祉研究』18, pp.30-42

謝辞

　「ヘルプライン」（無料電話相談）の1年間の相談事例を提供していただいた公益社団法人愛知共同住宅協会に感謝いたします。

第4章 「不安定居住者」に対する居住保障の模索
―台北市を事例に―

中山　徹

　本章の目的は，台北市における遊民に対する居住保障の試みについて述べることである。

1．台北市における遊民と支援の制度的枠組み

　「不安定居住」層の典型的形態はいわゆる「ホームレス」である。台湾において，日本の狭義の「ホームレス」（「ホームレスの自立の支援等に関する特別措置法」第2条の規定）に近い概念は「遊民」である。ただ，日本の生活保護法に該当する「社会救助法」（同法第17条2項）では，警察や社会福祉部門や親族への通報の他，遊民の支援（収容輔導辨法）については，自治体が独自に定めると規定しているため，全国的な定義はなく，地方自治体によりその定義や支援のあり方などは異なる。

　台湾において先進的に支援策を展開している台北市の遊民支援の根拠法は「台北市遊民輔導辨法」（1994）であったが2014年1月に改定され，現在では「台北市遊民安置輔導自治條例」となっている。同條例は遊民を，恒常的に公共の場所あるいは人々の出入する場所にいる者（同條例第2条）と野宿空間やその頻度等を示す定義に修正し，遊民の支援に関わる自治体の部局間の連携の制度化とそれぞれの役割をあらためて明確にした。社会局が主担ではあるが，労動局，衛生局，警察局，民政局等の役割が明記されたことが大きな特徴となっている。

　台北市の遊民数は，台北市社会局によれば，2014年6～9月現在で544人（男490人，女54人）であり，台湾の中では最も多い。ドラスティックな変動はないものの500人から600人程度で推移している。

　台北市における遊民支援の制度的枠組みの第1は，「社会救助法」（日本の生活保護法に該当），第2は，同法第17条2項に基づいた「台北市遊民安置輔導自治條例」である。そして，第3に，第1と第2をつなぐ台北市の独自支援施策である「台北市遊民職業・生活再建事業」がある。

2．「社会救助法」とその限界

　第1の台湾における「社会救助法」（日本の生活保護に該当）は，一般扶助主義である日本の生活保護制度とは異なり制限扶助主義をとっている。具体的には年齢要件や当該自治体における戸籍の有無，戸籍所在地に居住していなければならないといった居住要件や年齢要件があるため，遊民は救済対象から除外されがちである。65歳以上になって初めて社会救助法の対象となる。だが，65歳以上であっても，申請家庭・世帯のすべてが戸籍所在地に居住していなければならないといった戸籍所在地という要件があり，申請自体が制限されている。例えば，台北市に戸籍がない者は申請ができない。また，遊民の場合，住居がないため申請ができない。遊民支援策として社団法人台湾芒草心慈善協会などの支援団体による民間の低廉住宅の開拓・確保が大きな支援課題となっている理由はここにある。

　また，台北市には，社会救助の受給者「低収入戸」向け平価住宅（市営住宅）が4ヵ所，計約1,500戸（最大の「安康平宅」は2014年現在建替中）ある。だが，単身世帯は除外されているため，圧倒的に単身者が多い65歳以上の元遊民に対する居住保障・確保という点では機能していない。

3．「台北市遊民安置輔導自治條例」を基礎とした遊民支援

　表1-1は「台北市遊民安置輔導自治條例」に基づく支援の拠点・社会資源を見たものである。「遊民収容センター」，「平安居」といった中間施設への入所が重視されている。また，社会局巡回相談チームと労働局の役割分担のもと，民間非営利団体による路上生活を前提とした食事，必要な物品の提供，無料の医療支援といった現場支援がなされている。

表1-1 台北市の主要な遊民支援拠点

	名　　称	おもな支援業務内容	所在地
台北市	●台北市社会局遊民巡回相談チーム	台北市および「遊民職業・生活再建事業」に基づく支援業務全般	萬華区
	●台北市遊民収容センター（84床）	中途の家（一時的入所施設・中間施設）	新北市
	●台北市労工局就労サービスセンター・萬華窓口	就労支援	萬華区
民間非政府組織	天主教聖母聖心平安居（29床）	中途の家，食事，アウトリーチ，宣教	大同区
	基督教活水泉教会	宣教，シャワー，食事，医療，アウトリーチ，物資提供	萬華区
	人安基金会	食事提供，入所，医療，物資提供，シャワー，アウトリーチ	萬華区
	基督教救世軍教会	宣教，シャワー，食事提供，医療，アウトリーチ，物資提供	大同区
	基督教恩友センター・愛心協会（30床）	宣教，シャワー，食事提供，医療，訪問，物資提供	中山区，南港区
	台湾愛隣コミュニティサービス協会(基督教霊糧堂)	宣教，食事提供	萬華区
	当代漂泊協会	団体活動，権利の主張	大同区
	基督教艋舺燈塔教会	宣教，食事提供	大同区
	昌盛教育基金会（弱者失業者就業指導センター）（10床）	中途の家，アウトリーチ	萬華区
	ビッグイシュー	仕事の提供	中正区
	台湾芒草心慈善協会（10床）	国際交流，遊民文化および政策の研究	萬華区

資料）張献忠報告資料に基づき筆者作成。●印は，台北市の公的拠点である。なお，入所施設としては他に創世社會福利基金會10床があり，入所施設の定員の合計は173人である。

4．「遊民職業・生活再建事業」による遊民支援

　社会救助法と台北市遊民安置輔導自治條例の2つの制度的枠組みは，施設入所と就労支援に特化した支援策となっているが，両者の間には制度的「隙間」が存在している。簡単に概説したように，台北市に戸籍のない者は65歳以上の高齢であっても，社会救助法の対象外であること，民間賃貸アパートなどへの

居住保障・確保は十分考慮されておらず,「平価住宅」からも単身の元遊民は排除されている。台北市においては,この制度間にある「隙間」を埋めるための補完的生活支援を独自に展開している。それは,「遊民職業・生活再建事業」である。この事業の最大の特徴は,遊民の基本的な生活支援を行い,労働市場への復帰のための準備の支援と生活扶助金が支給される点にあろう。

　労働市場への復帰を目的とした「職業再建計画」では,就業準備金を提供し,求職段階における交通費や労工保険に加入されることを条件に家賃補助が支給されている。また,「生活再建計画」では,労働市場への復帰が難しい中高年者や施設入所を受け入れない者などに対して,生活扶助金の支給とコミュニティサービス業務(社区の公園・街頭清掃等環境維持業務)を実施している。「戸籍」が台北市にない遊民に対しては,「戸籍」の台北市への移動など,その要件を整えるまで生活扶助金と家賃補助を実施している。

まとめにかえて

　以上のように,台北市の遊民支援は,社会救助法と台北市遊民安置輔導自治条例の間をつなぎ補完する台北市独自の生活支援策によってなされている。施設収容主義から路上生活を前提としつつも,日本でいうところの就労とアパートなどの民間賃貸住宅への居住支援を含んだ施策と捉えられる。ただ,居住保障という点から見ると,社会住宅や民間低廉住宅は十分整備されておらず課題は多い。

参考文献

中山徹,山田理絵子「台北における遊民支援の制度的枠組みと補完的生活支援」,『社会問題研究』第62巻(通巻141号),2013年2月

中山徹,山田理絵子「台湾における社会救助法と遊民支援策」第63巻(通巻142号),2014年2月

第5章　居住福祉産業の思想と可能性

神野　武美

「景気浮揚策」としての住宅・不動産業からの脱却

　「居住福祉」を一言で表せば「良質な住居なしに福祉は成り立たない」という思想，概念である。北欧や西欧では常識ともいえる考え方であるが，日本では，政府も国民もこうした認識が希薄である。早川和男が提唱した「居住福祉」は，日本の政治・社会を支配する「経済が成長すれば問題が解決する」という固定観念を打破する概念ともいえる。東京のマンション会社リブランの鈴木静雄会長は，「居住福祉」の思想に共鳴し，市民の「居住を保障する」役割を担う住宅・不動産業のあり方として「居住福祉産業」という概念を提唱した。鈴木は編著書で「新しい日本を支える基盤は従来型の画一的，表面的な住宅ではなく，居住福祉思想に基づく住環境こそが基盤となる。住環境が居住福祉的になれば多くの課題が自己完結でき，国や行政の社会コストも下がり，家族が安心して豊かな暮らしが実現することが可能となる」（鈴木静雄，神野武美編著『居住福祉産業への挑戦』，2013年，東信堂，8頁）と述べている。

「社会的不効率」の増大

　業者自らが転換を図る理由の一つは，旧来の経営手法が限界に達したことがある。高度経済成長期は，農村や地方から大都市に人が大量移動し続け，その住宅需要に押されるように地価が上昇。郊外で宅地開発，都心の近くではマンションによる高層化が不動産業のビジネスモデルになった。しかし，1990年代のバブル崩壊や，2008年のリーマンショックで「土地神話」が崩壊し，地価の大幅下落という形で不動産業界を直撃した。

　背景には，日本の都市も農山村も大量の空き家が発生し，少子高齢化が進み，総人口も減り始めたことがある。地方の地域経済が衰退し，耕作放棄地，山林の荒廃，過疎化が進む一方，新興国の経済成長の影響で，大都市でも産業の空洞化，失業，ホームレスの増大が深刻化した。この間に起きたことは，土地の金融資産化，建物，宅地，農地，森林といった社会的ストックが有効活用されない「社会的不効率」の増大であり，東京圏の膨張による遠距離通勤や過密が

もたらす防災面の脆弱化である。

個々の市民に寄り添う「丁寧な住居づくり」

　鈴木の言う「従来型の画一的，表面的な住宅」とは，新築住宅の「粗製乱造」（スクラップ・アンド・ビルド）であり，それは他の先進工業国と比較しての住宅寿命の圧倒的な短さに現れている。「居住福祉産業」は，従来型の経営を改め，個々の市民に寄り添う「丁寧な住居づくり」を目指すものである。それは，居住に関連する居住者個々の生活や文化的基盤に配慮したきめ細かい「福祉」を行なうノウハウの蓄積を重視する。それらのノウハウは，高齢者や障害者施設や在宅福祉での介護などや，病院における看護方法の進化といった医療，適切な住環境の科学的な追求，伝統的な生活文化を守る「町並み保存」など，諸分野の研究開発や実践の中で蓄積されつつある。とくに①少子高齢化への対応，②住環境の改善，③コミュニティ，④既存ストックの活用が重要である。これらを踏まえなければ，住宅・不動産業界は「低コスト競争」のくびきから抜け出せないままにならざるを得ない，という発想が「居住福祉産業」を目指す根底にある。

地域社会への貢献で生き残る

　『居住福祉産業への挑戦』ではいくつかの実例を取り上げている。例えば，九十九里浜に近い千葉県大網白里市の「大里綜合管理」は，土地神話の時代に土地を買った約8,500人の「不在地主」の土地を管理する不動産管理業が主な業務である。その一方で220種類もの地域貢献活動に取り組んでいる。本社屋での学童保育に加え，ギャラリー，各種文化講座，主婦が料理を日替わりでシェフを務めるレストラン「コミュニティダイニング大里」を開く（写真5-1）。社員が駅前の交通整理をしたり，耕作放棄地の水田や畑への再生に取り組み，薬物依存者が治療目的で農作業に参加したりしている。地域社会に貢献することは，企業の信用を高めるだけでなく，従業員が地域社会に「出勤」し生き生きと働くことで，市民の真のニーズをつかみとり持続可能な企業経営を可能にすることになる。

写真5-1　レストラン「コミュニティダイニング大里」の風景

　リブランは，マンションの内装に珪藻土や無垢材などの自然素材を使い，通風などに工夫を凝らした環境共生型の「エコミックスデザイン」を取り入れたり，住民同士の交流を図るキッズルームを設けたりしている。次男で現社長の鈴木雄二は，NPO法人「緑のカーテン応援団」の理事長を務めるが，直射日光を植物でさえぎり室温を下げる「緑のカーテン」は元々同デザインの1パーツであった。

　東京の女性建築デザイナー集団「ドムスデザイン」代表の戸倉蓉子は，140年前，英国の看護師で病院建築家であったフローレンス・ナイチンゲールが著した『看護覚え書』にある「看護とは環境づくり」を建築設計で実践している。戸倉は，某大学病院の元看護師。子供の病棟の白い壁の殺風景な環境に「これでは子供が元気になれない」と考え，「壁に絵を掛けたら」と提案したが，環境より治療行為を重視する病院側に受け入れられなかった。このため，病院を飛び出してインテリアデザインと建築の道に入り，コミュニティを育てる医療施設や住宅を設計するようになった。『看護覚え書』にある①新鮮な空気②陽光③暖かさ④清潔さ⑤静けさの5つに加えて，高齢者に必要な「感動・生きがい」を設計の要素としている。

「生活の価値」を最大限に

　「居住福祉産業」を定義すると，住居や住居系のストック「基礎的な資本」

に，さまざまな人的サービス労働を付加することで，住民の「生活の価値」（クオリティ・オブ・ライフ）を最大限に高める産業である。質の良いストックを「生産」（新築，改修，文化財保護，まちづくり，都市計画事業などを含む）すれば，介護保険サービスなど金銭を媒介とする「制度的福祉労働」だけでなく，家族やコミュニティなどによる「日常的かつ非市場的な福祉労働」（家族による高齢者の介護だけでなく，子育てや生涯学習も含む）の機能も高めることになる。その方法は多様だが，「社会的不効率」を除去し，私的または社会的資源の投下における最大限の「費用対効果」を目指すものである。

　経営理念も，短期的で単純な「利潤の極大化の追求」ではなく，地域社会の住民からの信頼を勝ち取り長期に安定した持続可能な経営体としてあり続けることである。鈴木が言いたいのは，そうした経営により「住環境が居住福祉的になれば多くの課題が自己完結でき，国や行政の社会コストも下がる」ということである。

　ただ，「居住福祉産業」の単独では，所得再分配を促す機能を欠く。質の高い住居を造るには，多くの労働力を投入する必要があり，こうしたコストが価格に反映すれば，購入可能なのは，ある程度の経済力を持つ階層に限られる。貧困層はいつまでも劣悪な居住環境に置かれ，国民全体の福祉や健康の水準は向上せず，医療費の増大や貧困の再生産をもたらし，財政赤字を増大させるという悪循環に陥る。その解決に取り組む企業は「社会的企業」と呼ばれる。例えば，大阪・釜ヶ崎の日雇い労働者の簡易宿泊所から転じたサポーティブハウスや，ホームレス支援のNPO法人などだが，そうした「居住支援」については，本書の他章に詳しい。

地域社会で信用される持続可能な経営体

　これらの社会的企業も「生活保護」という公的支出を原資とし，民間からの支援も受け，困窮する居住者の生活相談に応じたり，居住者が地域の清掃活動などにより社会参加を実現したり，居住福祉的サービスを付加している。居住福祉産業が持つ居住環境の開発の技術やノウハウは，障害者や高齢者，社会的に孤立した人たちの就労や生きがい，コミュニケーションづくりなどに応用可能であり，コミュニティを創り出す住居づくりは，潜在化する社会的弱者の発見にもつながる。すなわち，居住福祉産業と社会的企業は一つながりの関係に

ある。
　地域社会における信用と持続可能な経営を目指す「居住福祉産業」は，行政や住民との協働がしやすい。とくに，そうした経営者は，さまざまな社会的資源を生かす工夫やアイデアを考える。例えば，鈴木会長のリブラン（正確には子会社のマンション管理会社イノーヴ）は，全国に55万人もいる"潜在看護師"（主に結婚後に子育てのために退職したが，病院の過酷な勤務実態のため復職が難しく，資格を持ったまま就職しない看護師）をマンション管理員に採用している。住民の健康状態など見守ることも仕事の一部になる"ナースな管理人"である。ただ，そうした試みには，それにふさわしい協働の体制の構築を促す制度を充実させ，公的な支出による支えが必要である。企業，住民，行政，あるいはNPOなどが知恵を出し合う体制ができれば，その効果は飛躍的に高まるだろう。
(2014年日中韓居住問題国際会議論文集『安居楽業』の掲載論文を要約・修正しました)

第6章　障がいのある人への居住支援

小板橋　恵美子

はじめに

　障がいのある人の主な居住形態には，①地域にある住宅（持ち家，借家）に住む，②グループホームやシルバーハウジングに住む，③施設に住むがある。本章では，わが国が障がいのある人の地域在宅生活を推進していることを鑑み，地域にある住宅に住むことに焦点を当て，その支援について考えていく。

障がいのある人の「居住」の特徴

　障がいのある人が地域に住む場合，例えば，車いすユーザーであれば住まいそのものへのアクセスは段差がないことが求められるなど，周辺環境も含めてバリアフリーかどうかが重要である。さらに車いすユーザーといってもさまざまであり，屋内でも車いすを使う人もいれば，短距離の歩行が可能で，屋内では車いすを使用せずに生活する人もいる。さらに手動式の車いすか電動車いすかによっても生活動作は異なり，住まいに求める環境もまた異なってくる。したがって，住まいにおいてはそれぞれの障がいや生活特性に適した環境が求められる。

　以上のように，障がいのある人が住む場合には，周辺環境も含めて物理的環境を整える必要があり，靴を脱ぐ，浴槽につかるなどの文化を有するわが国において，住宅のバリアフリー化は障がいのある人の生活にとって，依然として大きなテーマである。とりわけ民間賃貸住宅をはじめとする既存住宅は，もともと障がいのある人が住むことを前提に設計されていないことに加えて個人の資産であることから住宅に何らかの手を加えることに対して抵抗を感じる家主がいる，その結果斡旋拒否や入居拒否が起こるなど，バリアフリー化を必要とすることが住まいの選択肢を狭める要因にもなっているのが現状である（小板橋・沖田，2009）。また持ち家であっても，バリアフリー化のための費用負担のみならず，時に周辺住民から「（自分の家の）資産価値に影響するので，住まないでほしい」と言われたり（小板橋・沖田，2009），支援者のいるグループホームであっても地域住民の安全が守られないとして反対運動に

遭う[1]など，障がいのある人が住宅を確保することには多くのエネルギーを要するのが実情である。

障がいのある人への居住支援

　障がいのある人への居住支援を考える際，①住宅そのものを確保することへの支援，②居住を継続することへの支援，③転居することへの支援がある。わが国においては，住宅を確保して，すなわち住所地を定めて，初めて種々の公的サービスを受けられるのが一般的である。

　わが国の住宅のバリアフリー化は進みつつあるが，手すりの設置，段差解消，車いすでの通行可能な廊下幅員の確保といった，いわゆる「3点セット」をすべて備えた住宅はまだまだ少なく，障がいのある人が入居するときには住宅改修を行うことが多いのが実情である[2,3]。さらに，障がいのある人に対する住宅の斡旋や入居に対して何らかの懸念を持つ不動産業者や家主もおり，単にバリアフリーな住宅を見つけさえすればよいわけではない。この他，賃貸か購入かにかかわらず，わが国においては住宅を確保するに当たって保証人を求められることがほとんどである。障がいのある人の中には，それまでの障がいや病状が人間関係に影響し，頼る親族がいない人や，債務保証サービスを利用したくても，そのための費用負担ができない人もいる。

　次に，居住を継続することへの支援については，二次的健康障害の治療や病状のコントロールのために入院したところ，退院時に戻る家がなくなってしまったとか，住宅を確保したものの，生活経験の不足から近隣住民とのトラブルに発展し，立ち退き要求された，などということのないよう，そこに生活し

---

[1] 2014年7月，近所の集合住宅を借り上げ，グループホームを立ち上げようとしたNPO法人が，「安心して生活できない」と地域住民の反対運動に遭った。インターネットでも配信されたことにより，賛否両論の意見が交わされたほか，「障がい者差別で賛成できないが，自分の家の近くだったらと思うと非難できない」といった意見が寄せられた。
[2] 平成13年からの第八期住宅建設五箇年計画において，住宅ストックが普遍的に備えるべき基本的性能として，バリアフリー化に関する数値目標を含む「住宅性能水準」が位置付けられた。
[3] 平成24年の住宅土地統計調査の要約によると，わが国の住宅において，高齢者などに配慮した住宅設備のある住宅（「3点セット」のいずれかを整備した住宅）は2,655万戸で，住宅全体に占める割合は50.9%となっており，その多くが手すりを設置した住宅である。（総務省統計局「平成平成25年住宅・土地統計調査（速報集計）結果の要約http://www.stat.go.jp/data/jyutaku/2013/10_1.htm）

続ける，住み続けるための支援が必要である。地域に住み続けるためには，服薬や治療を確実に行い，障がいや病状をコントロールし，ゴミ出しのルールを守るなど，地域の決まりを守ることが求められる。このほか，単身で生活している人などに対する安否確認も重要な支援の一つである。また，それまで公的なサービスを使わず，地域の中で近隣住民に支えられながら生活してきた人が，介護保険が使えるようになって居宅介護サービスを導入した結果，近隣の人たちの足が遠のき，かえって地域の中で孤立化してしまうということもあるため，インフォーマル・フォーマルな支援のバランスも考慮し，公的サービスを検討・導入していくことも居住支援には欠かせない視点である。

そして，住宅を確保し居住を継続することができたとしても，進行性の障がいや加齢による身体機能の低下など，その人の状態の変化により，これまでの住宅では対応できなくなることもある。こうした場合には，その時々にふさわしい住宅に転居することも視野に入れて支援することが必要となる。

以上のように，障がいのある人への居住支援は，住宅そのものに対するアプローチのみならず，家主をはじめとする周囲の人々に対する教育・啓蒙活動，障がいのある人自身の健康管理など，総合的に行う必要があるといえる。

障がいのある人への居住支援の取り組み例

わが国では，2001年，第八期住宅建設五箇年計画において，住宅ストックが普遍的に備えるべき基本的性能として，バリアフリー化に関する数値目標を含む「住宅性能水準」が位置付けられたほか，「高齢者が居住する住宅の設計に係る指針」が示され，その普及が進められている。また，新たに供給する公共住宅（公営住宅，改良住宅，都市再生機構賃貸住宅）では，段差の解消等の高齢化に対応した仕様が標準化されているほか，一定のバリアフリー化を講じた住宅を購入したり，バリアフリー化のための改修工事を行ったりした場合，減税されるなどの施策が展開されている[4]。

障がいのある人の住宅の確保や居住継続に関しては，住宅確保が困難と思われる人に対する居住安定確保事業が多くの自治体で，整備されている。この事業は，自治体によってその内容には多少の差があるが，障がい者，高齢者，外

---

4 平成25年版高齢社会白書（全体版）

国人といったいわゆる住宅弱者が民間賃貸住宅の入居を希望する際に，情報を提供するものである。具体的には，これらの人の入居を可とする民間賃貸住宅，この賃貸住宅を斡旋する宅建業者（協力店），入居を支援するNPO・社会福祉法人等（支援団体）を都府県等に登録し，入居を希望する障がい者等にこれらの情報を提供する。これにより，障がいのある人は効率的に住宅を探し，あっせんしてもらえるようになった。しかし，登録物件は必ずしも十分な数があるとはいえず，また，バリアフリー化された物件の登録数はさらに限られている。地域の実情に合わせて情報提供を行うとされているが，都道府県域を越えて移動したい場合は提供される情報の地域格差を生じることがないようにしたい。このほか独自に障がいのある人向けに住宅を供給するなどのサービスを行っている民間の事業者もあるが，多くの障がいのある人たちの住宅確保は自助努力に任せられているのが実情である（小板橋・福島，2007）。

　障がいの有無にかかわらず，人々が地域で希望する生活ができることが望ましく，そのためには互いの相互理解が重要である。筆者は富山型デイサービスは相互理解のための試みの一つとして捉えている。富山市によるとこれは，「身近な場所にある介護保険法の指定通所介護（デイサービス）事業所等において，障害児および障害者の方がデイサービスを受けることができる事業」[5]であるという。一方，本事業を展開している事業所が参加する富山ケアネットワークは「『お年寄りはお年寄りの施設』『障がい者は障がい者の施設』と仕切りを作るのではなく，おじいちゃんも，おばあちゃんも，こどもたちも，赤ちゃんも，障がいがあってもなくても，いろんな人たちが一緒に楽しく過ごす…そんな福祉サービスです。」[6]と紹介しているが，目指すのは後者の捉え方であろう。なお，本事業を展開する事業所の多くが個人の資産を投入して開設に至っているために経済基盤が脆弱である，障がいのある人や高齢者，乳幼児などさまざまな利用者に対応できる専門職を確保することは困難であるなど，今後富山型を進めていく上での課題も指摘されている[7]。それでも本事業は，多様な人々が出会い，ふれあうことで相互理解が深められ，共助の精神をはぐくむこ

5　富山市ホームページ：http://www.city.toyama.toyama.jp/fukushihokenbu/shogaifukushika/zaitakushogaisha.html
6　富山ケアネットワーク「うちら富山型デイサービスやちゃ！」ホームページ：http://toyamagata.com/index.html
7　中小企業診断協会富山県支部「富山型デイサービス実態調査」，平成16年。

とも期待できるなど，地域居住を進めていく上での貴重な実践例といえる。

おわりに

わが国の障がいのある人の地域居住については，まだまだ課題はあるものの，障がいのある人があからさまな差別に遭うことも少なくなってきており，アジアの中では日本が進んでいると捉えられる。本章で，障がいのある人の住宅確保は自助努力に任されていると指摘したが，これまで障がいのある人の住宅として大きな位置を占めていた公営住宅は新規建設が抑制されており，今後も民間活力の活用を進めるのであればなお，居住に対する人々の意識の見直しが求められていると思う。障がいのある人の住宅供給の役割を民間に期待するにあたって，住宅は個人の資産である一方で，社会的な財として捉えることの必要性を強く意識させられる。

参考文献

小板橋恵美子・沖田富美子「脊髄損傷による下肢障害のある人の住宅確保に関する研究」日本建築学会・住宅系研究報告会論文集4、日本建築学会、2009年12月，pp.323〜328

小板橋恵美子，福島　智「障害者の住宅問題―民間賃貸住宅としての『バリアフリーマンション』の事例から―」日本居住福祉学会・居住福祉研究第5号，2007年，pp.20〜23

第7章 城中村問題からみる中国の
居住貧困問題と社会的排除

閻　和平

はじめに

　中国経済が長らく成長を続けている。この間，一人当たり国民所得が大きく増え，居住環境にも大きな改善が見られた。国家統計局の発表によると，1998年の中国都市住民の一人当たり居住面積が19.8㎡であったが，2013年には33㎡に増え，日本をはじめ，欧米先進諸国と遜色のないレベルまで，居住環境が向上した。しかし，いうまでもないが，この数字は統計上の，平均的なものであるにすぎない。居住環境が改善したところか，むしろ悪化し，生活や生存さえも脅かされている者も少なくはない。

　"城中村"と呼ばれる地域の居住貧困がそれを端的に表す一例である。本章は，城中村さらに城中村における居住貧困を発生させた政策・制度メカニズムを究明し，中国における居住貧困と社会的排除につながっている政策・制度との関係を明らかにするものである。

1．なぜ，城中村が生まれるのか

　城中村とは，都市市街化地域に存在する農村地域のことである。地理的には都市市街地の一部になったにもかかわらず，行政的に当該地域は従来の農村行政単位を維持し，村民の多くが農村戸籍のままで，いわば都市の中の農村飛び地である[1]。なぜ，このようないびつな構図ができただろうか。それが中国政府の一連の政策・制度の結果であるほかはない。

　中国では，戸籍制度が存在している。戸籍制度によって国民を農業戸籍と非農業戸籍に分けた。漢字では戸籍制度が職業を表しているようにみえるのだが，それは表層的側面であるにすぎない[2]。戸籍制度の本質は経済システムの

---

[1] "城中村"を使って初めて問題提起を行ったのが楊安「"城中村"的防治」『城郷建設』1996年8月号であるとされている。
[2] 1958年に『戸籍登録条例』が制定された。当初は何より食糧問題の解決が優先され，非農業戸籍の人に国から食糧の配給が行われていたが，農業戸籍の人は自給自足が求められていた。

違いである。農業戸籍とは，土地を集団所有して生産手段とし，集団構成員の生活手段を自給自足の原則のもとで獲得しなければならない人々の身分である。一方，非農業戸籍とは，国の庇護のもとで，近代産業に従事し国の建設・発展への貢献を期待されている人々である。農業戸籍の人々が居住する地域を農村とすれば，非農業戸籍の人々が居住する地域が都市となる。そのため，一般に農業戸籍を農村戸籍と，非農業戸籍を都市戸籍とそれぞれ呼ぶ。都市では，政府が社会インフラを整備し，福祉サービスを供給する。この結果，都市と農村の間に大きな経済格差が生じた。しかし，二つの戸籍間の変更には厳しい審査と許可が必要であり，改革開放政策以前では，ほぼ遮断されて不可能であった。

改革開放政策以降，特に近年では，中国経済が大きく成長し，それに伴い，都市化が進み，市街地が外に伸展して，農村地域を新たに市街地に取り込むようになった。しかし，戸籍制度に加え，中国の土地制度では，農民が農村土地を都市開発し，異なる経済システムの都市住民を対象に経済活動を行うことは禁止されている[3]。農村地域が都市市街地に用途変更されるには，まず，農村土地を国有地に収用する手続きをしなければならない。国有地に収用された土地は国家所有のもとで使用権の有償譲渡が行われて，初めて都市開発行為が可能となる[4]。

ところで，農村土地を国有地に収用するに当たって，国が土地を買い上げるのでなく，あくまでも，生産・生活手段の損失に対して一定程度の経済的補償を行うのみである。開発利益と比べ，農民に支払う経済補償が僅かなものである。補償金額が収用対象によって違う。農地に対しては，土地補償費，附着物に対する補償，収用面積に応じての安置費三項あわせて当該農地三年平均収穫量の年額の30倍までを補償の上限となる[5]。住宅などの建物に対する補償は所有者と交渉して決めることとなっている。このため，収用過程において，開発

---

[3] 『中華人民共和国憲法』第10条では，都市の土地が国家の所有に属し，農村と都市郊外の土地は国家のものと認められているものを除き，集団所有に属すると定めている。
[4] 『中華人民共和国土地管理法』第5章建用地第43条では，如何なる組織・個人が建設を行うために，土地使用を必要とするときには，法に従って国有地使用申請をしなければならない。また，現在が農業用地であるものについても同様であると定めている。
[5] かつて農地収用補償がもっと少なかった。そのため，農地収用補償をめぐって紛争事件が多発して，現在は大幅に引き上げたが，なお開発利益と比べて微々たるものにすぎなく，紛争が一向に改善していない。

業者が補償費用を抑え，収用業務が短期間に終了できるために，住宅地を故意に避けて行うものが横行して，その結果，城中村といういびつな都市構造を作り出した。

　城中村は特定の都市に限ったものではなく，中国のすべての都市に共通して存在する現象である。北京市を例に見ると，2002年に行われた北京市政府都市環境総合整治弁公室と首都社会経済発展研究所との合同調査では，北京市には城中村が332ヵ所存在し，戸籍者30万人，外来臨時居住者70－80万人が居住しているが，建築面積が630万平米のうち90％が違法建築であるとされている[6]。

　城中村は土地所有形態と村民の戸籍種類によって現在4種類が存在している。すなわち，土地がすべて国有化され，村民が都市戸籍に変更したタイプ，村の共有土地がなくなり，村民の戸籍が都市戸籍に変わったが，個人使用の住宅用地があるタイプ。村の共有土地は一部あるが，農業収入はほとんどなくなり，村民が農業戸籍のままであるタイプ。農地が相当数あり，農業収入が一定の割合で生活を支え，農業戸籍であるタイプ。

2．城中村における居住貧困

　城中村は都市化の中で取り残された農村地域であり，初期頃には村民が主要な居住者であったが，住宅価格が高騰する中で，城中村がいま外来人口なかんずく低所得層の居住の受け皿となっている。それに関連して，居住貧困がより複雑で多面的な様相を呈している。

　城中村における居住貧困はまずcitizenship（市民である権利）の侵害であり，城中村居住貧困を生じさせる基礎的要因であると考える。城中村が都市化伸展の中，都市の市街地に取り込まれ，農業への従事がまったく不可能になったにもかかわらず，農業戸籍が依然維持され，都市"市民である権利"が無視された。このため，都市市民としての政治参加の権利，福祉サービスを受ける権利などが差別されている。

　城中村における居住貧困は生活権の侵害である。城中村は地理的に都市市街地の一部であるにもかかわらず，行政的には農村地域として扱われ，都市政府

---

[6] その後，北京市政府が毎年計画を作成して城中村の解消・再開発を進め，2014年には50の城中村の改造に取り組んでいる。

が行うべき社会インフラの整備が怠っている。このため，警察，消防，下水道，病院，学校，道路など生活する上で欠かせないありとあらゆる施設が著しく不足し，生活さらに生存が脅かされている。

　城中村における居住貧困は悪劣な居住環境である。城中村は農村の居住集落であった。農村地域だった時代にかなりゆったりした自宅建設用敷地が無償で割り当てられた[7]。城中村となって住宅価格が高騰する中で，都市計画規制対象外であるために，自宅敷地に賃貸アパートを乱造し，建蔽率が90％を超え，"握手ビル"や"頬キスビル"や"一縷の天"と揶揄される建物がひしめいている。これらの建物は建築上の安全が確保されていないものも少なくはない。人口密度が異常に高く，一人当たり居住面積が都市住民平均水準を大幅に下回り，ベッドが置かれる程度のものが多い。

　城中村における居住貧困は居住の不安定である。農村地域から都市の飛び地となったときも，村民がほとんど蚊帳の外に置かれていた。城中村となった今は，建てられた賃貸アパートが違法建築とされ，いつ強制取り壊されてもおかしくない状況にある。いま，政府が都市市街地にある城中村の解消を政策目標に掲げているが，城中村の村民もそこで間借りしている外来人口も再び蚊帳の外に置かれて進められようとしている。

3．政策，居住貧困と社会的排除

　城中村の住民が劣悪な居住環境に置かれ，経済の日々の繁栄と裏腹に進行している現代中国の居住貧困の一面を代表するものである。これまでに考察した通り，城中村で見られる居住貧困はほかでもなく制度・政策によって作り出されたものであることが明らかとなった。すなわち，経済発展の大義のもとで，農民は僅かな補償と引き換えに生存手段の農地を失い，本来享受すべき開発利益が不当に奪われている。また，土地を失ったにもかかわらず，城中村という飛び地に農村戸籍の呪縛をかけられたままで，都市の繁栄から隔離されている。結果的に農民は自宅敷地を非合法的な形でアパートの賃貸経営を行わざるを得ない状況に追いやられている。そして，経営が非合法であるために，短期志向的経営となって建物が安全性を欠き，衛生設備をはじめ居住環境が粗悪となっ

---

[7] 中国では宅基地と呼ばれる制度である。

た。つまり，二次の居住貧困を連鎖的に発生させている。

　城中村における居住貧困の発生メカニズムが示したように，居住貧困は，自然現象ではなく，人為現象である。城中村の居住貧困は制度・政策による社会的排除である。社会的排除の対象者・犠牲者が往々にして社会の弱者である。中国においては，城中村に住んでいる人々である。中国政府がいま城中村の解消にようやく重い腰を上げ始めているが，クリアランス方式の開発が中心で，城中村に間借りしていた人々がなんの補償もなく追い出されている。居住貧困の"解消"が新たな居住貧困を引き起こしていることを強調しておきたい。

第8章　単身高齢・居住困窮者への居住支援

小林　真

住宅型有料老人ホームを新設しての居住支援

　自助の努力で自身の年齢や身体の変化に応じた住まいの確保が困難である単身高齢困窮者はどこの地域であっても存在し深刻であります。当法人は「住まい」と「ケア」を一体として提供する，いわゆる「地域善隣事業」の必要性を強く感じ，構想と検討を行政と進め住宅型有料老人ホームを2012年に開設いたしました。

　サービス付き高齢者向け住宅などでは同一法人または関連法人が介護事業を行っており，介護度の高い方を優先しての入居の偏りがあり，特に介護ボーダーの方は介護保険が利用できないため，事業者は利益を確保する観点からは入居を断わるのが現状です。

　高齢ゆえの心身機能の変化は徐々に変化するもの，急変するものとさまざまでありますが，当法人では特に介護ボーダーの方，入退院を繰り返されて生活力低下の方々の入居を積極的に受け入れることを念頭にしています。

　当法人も地域での介護のニーズは十分あるので，特定の事業者と組んだり，介護事業所を自前でやる方が運営は楽ですが，そうすると，活動が閉鎖的になったり，サービスの質が低下するのは入居者にとって不利益であり，訪問介護事業者がそれぞれに切磋琢磨してもらうことと，あらゆる事業者が出入りすることで，活動の透明性が担保されるのではないかと思っています。

　定員55名のホームは，もと社員寮を改装したものであり，通路の幅や居室面積は有料老人ホームの規定を満たしておらず，開設時は，法外の高齢者住宅としてスタートしました。県や市とホームを開設するにあたり，事前に協議を進めていたこともあり，後にも協議を続けた結果，住宅型有料老人ホームとして登録することができました。開設時よりスプリンクラー設備など有料老人ホームと同基準の安全性を確保していたこと，また運営状況を行政が指導・監督できるなど，法外施設よりも透明性を担保できるという点と，さらに開設した地域では，家族・知縁などの支援が期待できず低所得である方，介護ボーダー層の方が独立した生活を営むにはあまりにも問題がある中で包括した支援を行政側から期待されたことが有料老人ホームとしての登録に至った一因でありま

す。

　開設後には地域包括支援センター，ケアマネージャー，病院のMSW，行政のケースワーカーなど多岐にわたる社会資源からの問い合わせや依頼がほとんどでの入居となっています。なかには，介護事業者の親族が他の施設（特養ホーム）に入所されていましたが，希望により転居されてきました。それは，居室や施設機能は立派であったが通り一遍のサービスでもっと痒いところに手が届くような支援を求めて転居を決めたとのことで，われわれはそのことを念頭に置きながら施設運営に邁進してまいりましたが，益々鼓舞しなくてはと感じています。

　ホームの大きな特徴として，同一法人または関連法人も含めての介護事業は行わず，入居者が優良な介護事業者を選択でき，地域の介護事業者に訪問介護やデイサービスなどを担っていただいて，そしてその介護事業者はお互い施設内では目につきますので手抜きがなきよう切磋琢磨していただき，入居者や当法人としては透明性のある質の高いサービスを求めている点です。

　ただし，介護認定がある方でも必ずしも介護サービスだけでは足らずの介護部分が出てきます。その足らずの部分はホームのスタッフが利用料金の範囲で，穴埋め的にサービス対応を行っている点で，それは介護保険料を請求せず，当法人で家族的サービスを行うという点も特徴といえます。

　いわゆる，一般世帯で2世帯3世帯家族などでは祖父母が訪問介護を受けているが，介護サービスが終わって事業者が帰ってしまえばその後は家族である子どもや孫が介助をするのと同様なことを当法人が担っている点です。

　地域包括センターやケアマネジャーなどからは，「どこかにそういった施設があったらと思っていた」とお聞きします。

　右記に現在の入居者の介護度状況（図8-1）を表記しておりますが，特に介護ボーダーの方を積極的にお受けするといった状況の中で，想定していたよりも介護度の高い方からのニーズがあり，それは前記しましたように足らずの部分の支援があることであったり，後述しますが，スタッフが同じ建物内で生活してくれていることも要因であるようです。

　また，高齢で精神病院から退院して，在宅医療に切り替わる居住先としてのニーズに対応している点です。厚生労働省の精神病院の病床を減らし在宅診療へとの動きの中で，在宅医療に移す段階において，医療機関側は高齢で独居での生活と適切な通院確保と投薬・見守り（日々の生活状況の客観的観察・報告

第8章 単身高齢・居住困窮者への居住支援　39

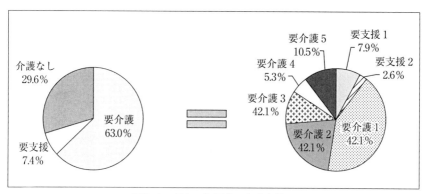

図8-1　現在の入居者の介護度状況

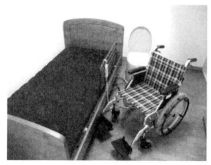

写真8-1　ボーダーの方が利用できるように貸出用に用意。

写真8-2　入退院・通院同行などに車両を用意。

と相談）の必要性に不安があることと独居（親族なし）で保証人不在など，住居確保の困難さから社会的入院が続く点など問題がある点をカバーする機能として当施設に依頼してくるケースが多い点で，全国的に益々顕在化していくことと思います。

　そして，社会的弱者の問題としてDV被害者の問題です。女性家庭センターなどの公的社会資源がありますが，さまざまなケースの中では行政側から緊急避難先として有料老人ホームとしての位置付けの施設ではありますが，施設内に複数人のスタッフが住み込みでおり，セキュリティー面からもフォロー体制も評価され依頼がある点も特徴です。

　そして，高齢の刑余者の生活の場としてのニーズとしての依頼があります。

高齢で頼れる縁もなく，悲観的にわざと万引きをして刑務所生活を望むことが社会問題化していますが，そのようなことをしなければ誰かに見守ってもらえない現状は特異なケースではなくなっています。

国の社会的コスト（概算では裁判・刑務所措置費など1,000〜2,000万円を超える）を考えても，そのようなことをせずとも生活できる社会（住まい＋ケア）を構築する意義は社会的企業（法人）として取り組むべきものと考えています。

生活資力や家族・知縁がない方でも入居できるように，最低生活の指標である生活保護者でもご利用になれる基準で運営を行っております。具体的には，保証人を求めない，入居一時金を求めない（敷金・礼金も含む），長期入院の方には住居費のみとする，などであります。

スタッフについてですが，離職・住居喪失者など生活に困窮している方の中で就労意欲のある方を積極的にトライアル雇用と住居を提供し，さらにヘルパーなどの資格を法人負担にて取得させるプログラムを実施して正規雇用している点も特徴です。

入居者の日常支援を行うスタッフにつきましては6名で，うち4名が同じ建物内にて生活をしており，日々の変化に即応できるようにしており，この6名がシフトを組み，日常の介助支援，見守りや食事の提供などを行います。また，本部職員は病院への通院同行・入退院時の対応，役所関係や介護事業者と連絡・協議など外部との関係先調整などを行っております。

開設以前より，日本居住福祉学会・国内関係機関はもとより中国（香港）の行政官，韓国や台湾からの研究者や支援団体の視察・意見交換会などを実施いたし，刻々と変化する社会情勢の中で当法人も積極的に先進事例を取り入れ，また先進事例を発信できるよう，より良い居住福祉のあり方を模索・実現する次第であります。

第9章　千里ニュータウンは誰もが安心して暮らし続けることのできるまちなのか

石川　久仁子

はじめに

　この10年ほどコミュニティの包括性について考えている。社会福祉学においては福祉コミュニティという言葉がある。簡単にいえば，誰もが自分らしく安心して暮らし続けることのできるまちであるが，この言葉を提唱した岡村重夫の定義では「社会的不利条件をもつ少数者の特殊条件に関心をもち，これらのひとびとを中心として同一性の感情をもって結ばれる下位集団」ということになる（岡村 1974）。この定義が検討された時代はコミュニティ形成が政策的課題となった時代である。岡村は一般的なまちづくりにおいては，マイノリティの課題は抜け落ちてしまいがちであり，むしろ地域社会の中で暮らしづらさを抱えた当事者たちの視点からコミュニティのあり方を問い，一般的コミュニティづくりと同時に当事者たちの立場からのまちづくりに取り組む重要性を説いた。学術的な議論もあるが，この定義は今でも色あせることがないように思う。

　福祉コミュニティという概念は，誰もが安心して暮らすことのできる，そして生活の継続性が問われる現代においては，年を重ねようとも，収入が大きく減少しようとも暮らし続けることができる居住機能をまちに求める。そして，それは誰ひとりとして地域社会から排除せず，包括していく力を福祉コミュニティの必須機能とする。

　しかし，現実はそうたやすくない。必ずしもそれぞれの地域社会の中に適切な住居があるとは限らない。また，自治体の財政難や不況，人口減によるコミュニティの縮小によりこれまであった公共施設や商業施設などの閉鎖により日常生活に支障をきたす状況も生れている。低所得である，障害をもっている，児童養護施設で育ったなど社会的不利条件をもつがゆえに，不安定な居住状況にならざるをえない人々が少なからず存在する。

　筆者自身は全国初の大規模ニュータウンといわれた千里ニュータウンに生まれ育った。千里ニュータウンに移り住んだ人々のことを千里1世とよび，千里ニュータウンで生まれ育った人々を千里2世というらしい。とすれば千里2世

である。かつて理想都市をめざして開発された千里ニュータウンに誇らしい感情を抱いていた。が，福祉を志すようになり，外国人集住地区や寄せ場とよばれる地区，同和地区におけるまちづくりについて研究する中で，このような複合的課題を抱えがちな地域が持つ包摂のための数々の知恵について感銘を受けた。

　しかし，改めてニュータウンを見つめ直すとインクルーシブなまちといえるのだろうか。誰もが安心して暮らし続けることのできる福祉コミュニティといえるのか。これまで筆者が行ってきた居住福祉学会関西支部の活動および個人の研究として行ってきた既存のニュータウン研究，居住支援型社会的企業に対する視察・インタビュー活動，市民活動団体の実践記録などをもとに，先の問いに応えたいと思う。

1．ホームレス支援団体から生まれた居住支援事業

　現在の日本社会において，人間らしい住まいを獲得するためのもっとも先駆的な居住支援実践を行っているのはホームレス支援団体ではないだろうか。ホームレス支援活動は，ホームレスのための活動というだけでなく誰ひとりとして排除せず，包括していくための装置づくりを模索している。筆者がこれまで視察を行った団体のうち2団体の居住支援事業を紹介したい[1]。

　愛知県一宮市内で活動するのわみ相談所は居住困難に陥った人々を支援するため，シェルターを6ヵ所運営している。もともと，のわみ相談所の活動は1995年名古屋市内でのホームレス状態にある人への食事の提供と声かけから始まっている。しかし，住む場所の確保が最優先であることから工場だった建物を借り受け，相談室と一時避難所（シェルター）を開設，現在に至っている。のわみ相談所は任意団体であるが，NPO法人のわみサポートセンターをあわせて設立，居住支援に加え，食堂やリサイクルショップ，弁当屋を立ち上げ就労支援も行っている。支援を受けるのは日本人だけでない。名古屋圏で働く外国人は多いが，仕事や住まいを失ったとき，日本人以上に困窮しやすい。同相談所では日系ブラジル人など10ヵ国以上約50人の外国人を支援している。また，

---

[1] のわみ相談所については，2014年3月14日，23日，NPO法人湘南ライフサポート・きずなに関しては2014年6月17日に関連施設の視察・理事長へのインタビューを実施した。

生きている人たちだけでなく2014年には亡くなっていく利用者のために共同墓地・位牌堂を開設している。

　神奈川県藤沢市を中心に野宿労働者，低所得高齢者，DV被害者など生活困窮者の支援を行っているNPO法人湘南ライフサポート・きずなは1998年，藤沢駅周辺のパトロールから活動が始まった。現在，藤沢市・茅ヶ崎市などの湘南エリアを中心としてシェルター，無料低額宿泊所，ステップハウスを提供しながら生活支援を行っている。2002年，元社員寮を利用した無料低額宿泊所を設立，現在は県の委託を受けてシェルターとステップハウスも設置している。これまでの無料低額宿泊所の利用者は200人を超えているという。利用者は多様である。病院から退院した後に暮らす場所がない人，比較的若年で刑務所から出所した人，友達の家を転々としている人，知的障害やてんかん，精神障害などをもっている人も目立つという。

　筆者が支部長を担当している日本居住福祉学会関西支部でも2012～2014年の間に計7回，居住支援型社会的企業をキーワードとした視察を行ってきた。この2団体も同様だが，どの団体も相談機能・シェルターもしくは少なくとも短期居住できる空間の提供を行っていた。そして，先の2団体同様，利用者の人たちはホームレス経験者かというとそうではなく，居住困窮の様相は多様，低所得高齢者のみならず若年層，外国籍住民も少なからず含まれていた。近年では入居相談者は本人ではなく，福祉事務所や病院など公的機関からの紹介（リファー）が多くを占めるという。居住支援機能はコミュニティからはじきだされそうになった人々をコミュニティにとどめる包摂のための装置である。このような居住施設事業は全国どの場所にでも必要とされているのである。

2．理想都市・千里ニュータウンの光と影

1）千里ニュータウンとは

　千里ニュータウンは全国初の大規模ニュータウンであるといわれている。大阪府豊中市と吹田にまたがる千里丘陵にはもともと1950年代，里山，田畑集落が点在し，自然と人が共生する暮らしが広がっていた。その一方，戦後の高度経済成長，都市への人口集中を背景に住宅は不足しており周辺地域では無計画なスプロール開発が進行していた。このような中，大阪府は1958年，計画人口15万人，計画住宅戸数3万7,330戸の大規模開発を決定，理想的都市を目指した。

近隣住区理論に基づき，歩車分離，近隣センター，斬新なデザインの建物など全国のニュータウン開発モデルをめざした意欲的な設計が展開された。1961年，吹田市佐竹台住区にて起工，1970年大阪万国博覧会の年に事業は終了した。3地区（中央・北・南）12住区（小学校区でもある）の人口はピーク時で13万人になった。

出典：吹田市立千里ニュータウン情報館

図9-1　千里ニュータウンの位置

2）千里ニュータウンの特徴

「千里市民フォーラム」代表であり都市計画の専門家でもある山本茂は，千里ニュータウンの特徴として①大阪都心から約15kmであり，通勤・買い物等の利便性も高いこと，②道路や公園などの都市基盤が充実していることをあげている。十分な道幅の歩道に植栽された街路樹たちは50年の時を経てしっかりと枝をのばし，初夏には新緑を，そして秋には見事な紅葉の風景をまちにもたらしている。

第9章 千里ニュータウンは誰もが安心して暮らし続けることのできるまちなのか

しかし、それ以上の特異な要素はまちの住宅構成である。ニュータウンは近隣住区理論に基づき建設されており③商業・公共公益施設と住宅地が分離される等、用途が純化、④各住区には戸建て住宅、公的賃貸住宅、分譲集合住宅、給与住宅などが大規模な敷地単位で配置、⑤ニュータウン建設後に必要とされる施設などのための用地がほとんど残されなかったという特徴も持つ。また、⑥戸建住宅の敷地面積100坪前後と高級住宅地である一方、計画戸数の約6割は公的賃貸住宅であり、狭小で画一的な2～3室タイプが多く、ソーシャルミックスが模索されていたものの大変荒いものになっている（山本 2009）。

計画都市ゆえの特性は、その後のニュータウンが抱える課題につながっている。ほぼ同時期に入居した人々はまちと共に高齢化、人口は減少し続け2005年にはニュータウン内人口は9万人を割り込んだ。建物の給排水や電気系統は老朽化、1990年代に入りまちはオールドタウン化したといわれた。

3）千里ニュータウンがもつ排除性

いま、千里ニュータウンの風景は変わり続けている。開発当初、全体の約7割が集合住宅、5階建ての白い団地群が典型的な風景であったが、時間の経過と共にエレベーターのない集合住宅は"陳腐なストック"とされ、社宅、分譲集合住宅は次々と高層マンションとして建て替えられている。しかし、当然ながら建て替えを望む住民と望まない住民が存在、居住者の合意形成は容易ではない。

2002年の区分所有法改正後、区分所有者の8割以上の賛成があれば建て替えは可能となってはいるが、住民の一斉退去後も建て替えを拒否し住み続けた住民が開発業者より立ち退き訴訟を起こされる事案も発生している。

しかし、もともとニュータウン開発は立ち退きによって成立してきた歴史を持つ。ニュータウンの開発用地の多くは周辺の村に暮らす農民の土地であった。当初は協議買収であったが1960年代から強制収用体制で取得された。当時、大阪府技師として開発に関わった片寄俊秀によれば1962年11月に行われた「千里ニュータウンまちびらき式」は、土地の取り上げに反対する農民たちがむしろ旗をたて、シュプレヒコールを鳴り響かせるという騒然とした雰囲気で執り行われたという[2]。理想都市の開発、再生はそれまでのその地での生業や暮ら

---

[2] 2012年11月4日に開催された講演会「千里ニュータウンを世界遺産に」（於 吹田市立博物館）における発言より。

しをいったん崩壊させることを前提としている。

　片寄は千里ニュータウン開発の原理として①ペイとモデルの論理，②事業範囲外からの収奪の論理が働いていたと指摘する。つまり千里ニュータウンは理想都市を目指しつつ，ゴミ焼却場や下水処理施設などは地区外に建設，理想にあてはまらないものは地区外に押しつけたというのだ。

　開発にともない移り住んだ住民たちも交通が不便，医者がいないなど生活基盤の未整備に対する不満，戸建て住宅の周辺における集合住宅に対する反対運動，緑地保存，施設の建設・整備に対する反対運動などの住環境保全に向けた運動が展開された。安全で快適，良質な環境を追求する集団行動であるが，自分たちに快適なものは要求する一方で不都合と判断したものは反対したともいえないだろうか。

3．千里ニュータウンの再構築

1）安心して育つことのできるまちへ〜住民によるコミュニティカフェづくり

　再開発をめぐっては安心して暮らし続ける権利を求める声のみならず，まちの記憶として従来の建物の保存を求める声も各地で起ったが，それでも開発当時からの集合住宅は解体・撤去された。そして新しく建て替えられたマンションに新たな住民が移り住んでいっている。人口は増加に転じ2014年現在で9万5,888人まで回復した。

　再開発中の千里ニュータウンにおいて旧住民と新住民，長年暮らす高齢者世帯と新しく転居してきた子育て世帯とを意識したまちづくりが必要とされているだろう。また，多世代が集うしかけも必要だ。そのための具体的な動きも生まれている。住民によるコミュニティカフェの運営だ。現在，豊中市新千里東町に「ひがしまち街角広場」と吹田市佐竹台「さたけん家」が設立・運営されているがここでは「さたけん家」を紹介したい。

　「さたけん家」は佐竹台地区にある近隣センター内の書店のオーナーの協力のもとにつくられた。運営は佐竹台スマイルプロジェクト，2010年に多世代交流を行い子どもから大人まで楽しく暮らせるまちづくりを目指して，佐竹台地区住民の有志で立ち上げられたプロジェクトである。2011年から2年間，トヨタ財団の助成を受けて近隣センター内にさたけん家を立ち上げた。助成期間終了後も，ボランティアによる自主運営で活動を継続している。そして，カ

フェ運営に加えて、大学生ボランティアの協力を得て、学習支援活動を始めた。2014年、子供の貧困対策大綱が閣議決定されたように子どもの貧困が課題になっているが、千里ニュータウンも例外ではない。スマイルプロジェクトのメンバーの中核は小学校や保育園などで知り合った父母たちである。地区で育つすべての子ども達によりよい学習環境を整えたいという思いからスタートしている。

2）千里ニュータウンは誰もが安心して暮らし続けることのできるまちなのか

　高度成長期に設計され、不況下においては公共エリアや駅前の好条件の土地を民間企業に売却する形で再開発費用を捻出した千里ニュータウンには経済至上主義が通底している。家が購入できない、賃料を払うことができない、建て替えを了承しない、十分な学習環境・ケアサービスを購入する力のない人々を地区内から排除しようとする力が働いているのではないか。

　ほぼ同じ時期に開発された泉北ニュータウンでは千里ニュータウン同様に少子高齢化・人口減少、住宅施設の老朽化等の課題を抱えているが、千里のように広範囲での建て替えは行われていない。空き家・空き店舗を活用しながらニュータウン内で孤立しがちな一人暮らし高齢者、要介護高齢者などを行政・住民・福祉および住宅関連事業者・大学の共同のもと近隣で支える新しい居住スタイルが追求されている[3]。

　千里ニュータウンにも地域の問題を市民自身の力で解決しようという取り組みがないわけではない。2002年にまちびらき40周年を記念して開催された「まちづくり市民フォーラム」は行政の呼びかけだったものの、その後市民が主体となって交流と協働を目的とする「千里市民フォーラム」が結成された。吹田市立博物館で開催された「千里ニュータウン展」(2006年)、「ニュータウン半世紀展 ―千里発・DREAM―」(2012年) は市民委員会形式で実施された。再開発の流れの中でリニューアルされた複合公共施設である豊中市千里文化センター・コラボ（千里中央地区）、千里ニュータウンプラザ（南千里地区）にも多くのボランティアが運営に関わっている。先述したコミュニティカフェづくりもこのような動きと無関係ではない。風景が変わるほどの建て替えラッシュの中で、旧住民・新住民、千里ニュータウン内外の住民が時に自分たちの意思

---

[3] 泉北ほっとけないネットワーク　http://www.smile-center.jp/

とは異なる形で変わりゆくまちを，改めて自分たちのまちとするための一連のアクションである。

前節において建て替え以前の住環境をめぐる住民運動は住民エゴ的なものとみることもできると述べたが，片寄は住民が抵抗することで自らがまちの主であるという主体性を取り戻そうとしたのではないかと指摘している。ただ，かつて岡村重夫が指摘したように一般的コミュニティづくりが必ずしもさまざまな不利条件を持つ当事者たちの生活問題に住民たちが関心をもち，当事者たちの暮らし続けを支援しようとするかどうかは別だ。

本来，千里ニュータウンは約6割が公的賃貸住宅であり，居住困窮者が暮らすための基本的条件を備えたまちである。誰もが安心して暮らすことを可能とするまちづくりの知恵，さまざまな理由で居住困窮に陥った者への居住支援を模索するような実験が千里ニュータウンに求められているのではないか。

表9-1　千里ニュータウンの歴史

1958年	千里ニュータウン開発決定
1961年	起工式
1962年	千里ニュータウンまちびらき、佐竹台に入居開始
1967年	阪急千里線が北千里駅まで延伸
1970年	万国博覧会開催 北大阪急行開通、新住宅市街地開発法に基づく事業完了
1975年	人口128,993人でピーク
1990年	大阪モノレール開通
1997年	人口10万人割り込む
1999年	千里ニュータウンで初の団地建て替え
2002年	大阪府住宅供給公社が大規模建て替えに着手
2007年	千里ニュータウン再生大規模指針策定
2012年	まちびらき50年

参考文献

岡村重夫（1974）『地域福祉論』光生館
片寄俊秀（1981）『実験都市：千里ニュータウンはいかに造られたか』社会思想社
片寄俊秀（2012）「千里ニュータウンの開発計画」『建築士』8月号
三輪憲功（2012）「「のわみ」の居住支援、中間ハウジング（シェルター運営事業）の取り組みと提言」『居住福祉研究』14号
「ニュータウン半世紀展 ―千里発・DREAM―」市民委員会編（2012）「平成24年度秋季特別展「ニュータウン半世紀展 ―千里発・DREAM―」パンフレット」吹田市立博物館
佐竹台スマイルプロジェクト（2013）『まちづくりのレシピvol.1』
佐竹台スマイルプロジェクト（2014）『まちづくりのレシピvol.2』
「千里ニュータウン展」市民委員会編（2006）「平成18年度春季特別展「千里ニュータウン展」パンフレット」吹田市立博物館
山本茂（2009）『ニュータウン再生：住環境マネジメントの課題と展望』学芸出版社
山本茂（2013）「建築型都市からマネジメント型都市のモデルへ」『土地総合研究』秋号
吹田市立千里ニュータウン情報館 http://www.senrint-jyohokan.jp/info.html

第10章　香港における都市問題の現状と
居住福祉の役割に関する一考察
—マルクス経済学のアプローチからみて—

コルナトウスキ　ヒェラルド

1．はじめに

　2014年，10月から2ヵ月半にかけて，10万人以上の参加者に及ぶ香港歴史上，最も大規模な社会運動が行われた。その主な目的は，香港の完全民主化であり，香港のこれからの行方を決める権利，すなわち香港人のための選挙権を確保するために，「占拠運動」という形で，主に香港の未来を懸念している学生が自らの生活の舞台になっている「都市」への権利を強く訴えた。表面上では，これはあくまで中国が，1997年，イギリスから中国への香港返還時に設置した「一国二制度」の中の，香港の主権的自治制のあり方と関係している。2017年香港人に「普通選挙権」を与える約束をしていたにもかかわらず，中国中央政府が結局その権利を認めないと決断した結果であると世界のマスメディアなどによって捉えられた。だが実は，より深い，香港という都市のこれからのあり方に関連していると思われる。つまり，もし，選挙権を確保しても，これからの香港の行方を市民が考えていく場合，若い学生たちが主体になっていても，そもそもなぜ市民が，それを強く要求しているかは，都市の根本的な課題に触れなくてはならない。本章では，香港という都市が抱えている現在の課題は何か，その中で「居住福祉」という概念がどのように関連しているかを考察してみたい。つまり本章では，「都市」のあり方という観点から総括的にアプローチしてみたい。そのために，まず，「都市」とは何か，そして都市（社会的）問題の根本は何かを簡潔に論じ，最後に，こうした中で，「居住福祉」がどういう役割を果たすことができるかを検討する。したがって，「居住福祉」の実践というより，「都市問題」におけるアプローチとして考えてみる。

2．都市とは何か？

　「都市問題」，そして，その中における「居住」や「福祉」を考える時に，まず「都市とは何か」について触れておく必要があるだろう。しかし，いうま

でもなく,「都市」はそれぞれの歴史を有しており,さまざまな特定の出来事の結果でもあるため,全体的にまとめることが非常に難しく,終わりのない議論になってしまいそうである。学問においても,都市に対する見方はさまざまであり,多様な理論的観点からアプローチされた学術的蓄積が存在している。限られた紙幅の関係で,こうしたさまざまな理論の紹介は別の機会に譲りたいが,「都市問題」は要するに人,つまり市民・住民に関わっている問題であるため,人・住民の生活における都市の機能から考察していきたい。しかし,ここで問うべきことは,人・住民の生活を(社会空間的に)形成させる決定的なことは何かであろう。そこで,われわれの社会,特に都市社会は「資本主義」のもとで成り立っているものであるため,「資本」といった理論的な「窓」から,都市をアプローチしてみたい。

2-1. 階級対立の結果である「都市」

　政治政治学的なアプローチではあるが,「資本」から社会を分析する試みは,マルクス経済学の伝統である。その基礎は,「資本の蓄積過程」にあり,要するにお金がさらにお金になるプロセス(≒経済成長過程)であり,こうした過程を社会の総合的なあり方の前提としている。これは,(商品の)生産からみてみると,投資活動(=企業の役割)によりモノを生産し,商品として市場に出し,利潤目的で販売し,消費(=利潤の実現=投資金額が戻ってくる瞬間)までのプロセスを含む。商品の生産によって資本を蓄積していく過程は,「産業資本」と呼ばれるものであり,労働者の生産力の効率性により,利潤(≒いわゆる「剰余価値」)が生み出されるベースである。同様に,「金融資本」の場合は,貸し付け金の利子を得ることによって利潤を取り,住宅の場合は賃貸を通じて利潤を取り,「商業資本」の場合は,モノを安く仕入れ,高く売ることによって利潤を取るプロセスを意味する。全体の蓄積過程の中で,一般的には二つの決定的な瞬間がある。一つは,剰余価値を生み出す,生産過程における闘争であり,これに関しては,最も想像しやすいのは,職場(工場など)における労働者の労働時間の管理や生産力の向上などである。これに対しては主に組合を通じた資本家と労働者の直接的闘争(階級対立)という結果を生む。もう一つは,剰余価値を実現させる一般生活過程における闘争であり,主にわれわれという「消費者」における社会的地位をめぐる資本家との間接的闘争である。以下は,生活の間接的闘争に着目し,特に建造環境(とその中におけるハ

ウジング）の側面を取り上げたい。

2−2．建造環境における闘争

「都市」は，資本の蓄積過程，そして資本との対立から見る場合，建造環境に決定的な影響力を有している4つのアクターを識別することができる（Harvey, 1982）。それは①直接的に賃借料を徴収すること（appropriation）を目指す大家や不動産会社などで，または間接的に徴収することを目指す金融関係の仲介エージェント（＝利回り），②新たな建物などの建設によって利潤を確保する建設業者，③建造環境を効率的に利用し，利潤を生み出そうとする一般的資本（産業と商業を含む），④消費と生活の再生産を目的とする労働である。この4つのアクターの間に権力関係[1]が存在し，同じ空間において闘争がエスカレートする場合もある。ある意味，これに対しては，都市計画はこうした闘争をマネジメントする一つのツールである。

人・住民からすると，「都市」は人の健全な生活を再生産する場である。資本からすると健全な労働者（または従業者）は，利潤を確保する最も重要な存在である。実は，「国家」はここで重要な役割を果たす。健全な生活を保護するために，いわゆる「共同消費（collective consumption）」が必要で，それは，国家が提供する水道，道路，交通，公園などだけではなく，生活のコスト（＝賃金の基準に影響する）を抑えるために教育や公営住宅の提供を含む[2]。これについて，資本の蓄積のために現在進められている民営化は人・住民の生活への新たな課題になる可能性がある。

では，香港の場合，一般的な日常生活における闘争のあり方はどのようなものか考察してみよう。

---

[1] 例えば，建設業者の場合，建設投資のために金融機関から低い利子を求め，利潤を増やすために入居者などに高額な賃借料を求めること。
[2] こうした意味では，一般資本からは，なるべく高い賃借料を求める不動産業者や金融機関に対して，賃金に反映される住宅のコストを控えることがメリットになる。逆に，住宅のコストが高いと，賃金も上がってしまうため，利潤が減少することになる。「共同消費」に関しては，Castells, M. (1977) *The Urban Question: A Marxist Approach*, London: Edward ArnoldとMerrifield, A. (2014) *The New Urban Question*, London: Pluto Pressを参照されたい。

3. 香港における貧富格差，そして住宅問題について

　世界の先進地域の中では香港が最も貧富格差が激しい都市である。1980年代，Made In Hong Kongという産業都市が東アジアの中心を目指す金融センターへ姿を変容し，サービス業，そしてデベロッパー業界が経済のエンジンになった。とはいえ，香港の土地はほぼすべてが官有土地で，香港政府が所有しているものであるため，経済成長を支える高い地価を操作することができるのである。香港の立法議会の議員もそのほとんどがビジネス業界の関係者であり，「都市」自体がビジネスを円滑的に行うために最も適切な建造環境を重視しているわけである。その結果，大手デベロッパーが圧倒的な権力を有しており，現在は，古い都市部，特に低所得者が集住する，いわゆる貧困地区への再開発のプレッシャーが高まっている[3]。その結果，貧富格差と並行して，住宅の格差も極めて激しい。学生運動の中でも，こういう住宅の交換価値を重視した資本蓄積が批判され，写真10-1：右はその象徴となっている[4]。香港政府は，こうした格差問題が著しい経済成長の副作用としてみているため，イデオロギーの問題ではあるが，徹底的な取り組みを実施していない。世界トップランキングで，シンガポールの次に誇る大規模な公営住宅の高い割合も，そもそも福祉からできた概念ではなく，コストの安い，健全な労働者を再生産するための経済対策として位置付けることができる（水岡，1998）。こうした経済成長モデルが長年進められてきており，都市のあり方，つまり都市が誰のためのものかが問われるようになっている（写真10-1：左）[5]。このように，一般生活における闘争が激化し，学生運動の勢いが高まっていく中，香港行政長官が次のようなコメント（失言）を発表した。「香港には貧困者（＝低賃金労働階級）が非常に多いため，もし香港が民主化すれば，彼らが選挙の結果を支配してし

---

[3] 香港における再開発と低廉住宅へのプレッシャーに関しては，コルナトウスキ・ヒェラルド（2012）「香港のインナーシティにおける民間低家賃住宅のマージナル化と住宅困窮問題」，『居住福祉研究』，13号，pp.62-80を参照されたい。
[4] "Hong Kong Protests as Much About Dollars as Democracy: Hong Kong's Tycoons and Wealth Inequality Are Sources or Frustration for Protesters", *South China Morning Post*, 2014年10月19日。
[5] Bobette, A. "Occupy Central Is Really a Battle over the Idea of the City", *South China Morning Post*, 2014年9月25日。
[6] Brown, K. "Hong Kong Leader Warns Poor Would Sway Vote: Leung Chun-Ying Plays Down Expectations Ahead of Government Meeting with Student Protesters", *The Wall Street Journal*, 2014年10月20日。

まうだろう」[6]。これはつまり，労働階級に選挙権を与えてしまうと，香港が今までの経済成長モデルを維持できなくなる可能性が高く，権力が労働階級に移ってしまうことを意味している。

写真10-1：左　資本蓄積ばかりではなく、一般生活の改善を重視した「都市」を要求する学生運動の様子（訳：「都市は永久に生き続ける」）。
　　　　　 右　香港の住宅市場は世界の中で最も高いにもかかわらず、居住空間が平均で最も狭い現状を訴える様子（筆者による撮影）。

4．結論：「都市」のあり方と居住福祉の課題

さて，住宅の使用価値ではなく，交換価値がすべてになっている香港の中では，実践を超えた居住福祉をどう考えていけばよいのか。資本の蓄積過程からみて，ここでは2点を取り上げたい。1点目は，一般労働の賃金水準から切り離す権力を有している，香港の経済成長の目玉になっている住宅市場における交換価値を抑え，十分な居住空間の使用価値をどのように確保・保護できるかにあり，2点目は，居住福祉の実践によって生活がより安定し生活の面で安くなった分，それが次に賃金水準に反映され購買力が低下し生活必要品が高くなる（物価の増加）経済的プロセスにある。こうなると，貧困や社会的弱者だけに取り組むことではなく，資本によって蓄積された「富」（＝格差の原点），そしてそのより社会的に公平な使い方（＝分配）に取り組んでいくことも視野に入れる必要があるだろう。

参考文献

コルナトウスキ・ヒェラルド (2012)「香港のインナーシティにおける民間低家賃住宅のマージナル化と住宅困窮問題」,『居住福祉研究』, 13号, 62-80ページ

水岡不二雄 (1998)「香港のスクォッター問題における, 階級, 民族, および空間——植民地を支えた都市産業体系生産への序奏」『土地制度史学』41巻1号, 1～17ページ。

Castells, M. (1977) *The Urban Question: A Marxist Approach*, London: Edward Arnold.

Harvey, D. (1982) "Labour, Capital, and Class Struggle Around the Built Environment in Advanced Capitalist Societies, In: Giddens, A. And Held, D. (eds.) *Classes, Power, and Conflict*", Hampshire: The MacMillan Press.

Merrifield, A. (2014) *The New Urban Question*, London: Pluto Press.

第11章　ホームレス支援における届出なしの
　　　 ケア付支援住宅の現状

水内　俊雄

◆脱ホームレス支援におけるケア付支援住宅事業の位置付け

　ホームレス支援の根幹は，中間ハウジングの提供とそこで行われるケアの提供にある。ここでは，中間ハウジングの一つとなっているケア付支援住宅（NPOホームレス支援全国ネットワークで使用する呼称である）の役割，機能とその課題について述べることにする。

　中間ハウジングはすでに述べたとおり，ホームレス自立支援センター，シェルター，無料低額宿泊所，生活保護施設，ケア付支援住宅などから構成されている。ホームレス自立支援法でカバーされている自立支援センターとシェルターは，大都市のみで運用されており，生活保護施設はほとんどホームレス支援には使えない状況のもとで，大都市以外の大都市圏，地方の諸都市においては，生活保護費を利用した無料低額宿泊所，あるいはケア付支援住宅のみが存在していた。リーマンブラザーズショック以降，絆再生基金の利用により，ようやく緊急一時宿泊事業にとして，大都市以外でもシェルター事業が始まった。

　確認すべきことは，日本の脱ホームレス支援において，大都市では，生活保護法とホームレス自立支援法に基づくダブルトラックで，利用者は，あるいは福祉事務所は選択肢を少なくとも二つ有していたことになる。しかしその他のエリアにおいては，脱ホームレスで用いることのできる制度は，基本的には生活保護法しかなかった，シングルトラックであったという現実があった。

　その他のエリアでも形式的にダブルトラック化してきた最新状況は絆再生基金の利用により，上述のように新たな展開を見せたが，詳しくは後述するとして，さらにこのシングルトラックにおいても，無料低額宿泊所が多用されているが，次のような問題を抱えているのである。

　この宿泊所制度は，もともと脱ホームレス状況の今日の状況を見越してつくられたものではない，戦後の混乱期の中間ハウジング制度で自治体が運営することを想定したものであった。宿泊所の定義からすれば，ケアはほとんど必要なく，利用者が自腹で，あるいは自治体直営でシェルターのようにして無料

で利用できるものであった。いわゆる「宿所の提供のみ」,「宿所と食事の提供」という事例である。この制度の今日的リバイバルを行ったのが,首都圏のNPOであったわけで,2000年前後に急速にこの制度が再利用されるようになったのである。そしてその利用費は生活保護の住宅扶助を使い,脱ホームレスにはどうしても必要とする退所に至るまでのケア費用が,食費とともに付加されることになったのである。「宿所と食事に加え入所者への相談対応や就労指導」という形態である。

　ほぼ同等のサービスを行いながら何らかの理由において無料低額宿泊所の届出を行わず,ケア付支援住宅として行っている事例も多々ある。実態として「宿所と食事に加え入所者への相談対応や就労指導」を行っているケースも多いが,生活保護法とホームレス自立支援法のダブルトラックを有していなかった,シングルトラックしかないエリアにおいて,宿泊所とならんで利用される貴重なハウジング資源として位置付けられる。実態として無料低額宿泊所は首都圏や愛知県などを中心に展開されており,その他の多くの地方エリアでは事実上,ホームレス支援に使えるハウジング資源は,ケア付支援住宅しかないのである。

　その分布については,一度しか行われていないしかも古いデータであるが,厚労省の2003年調査が参考にできる。ここでは宿泊所が都道府県への届出が必要ということに対比させて,届出をしないケースに「法定外」とネイミングしている。いわゆる社会福祉法の第2種社会福祉施設（宿泊所も含む）ではないという意味も込められているようであるが,ここでいうケア付支援住宅に近いと思われる。その都道府県別の分布が明らかにされている。

　スライド1であるが,宿泊所については,特に首都圏や愛知県,そして関西圏といった大都市圏への集中が見て取れよう。一方ここでいうところのケア付支援住宅（「法定外」）については,一部の府県を除き全国に存在している状況である。量的には,このケア付支援住宅が12,587定員分,宿泊所が14,089定員分,そしてシェルターも含めたホームレス自立支援施設で,3,964定員分となっている。宿泊所と並んで有力な脱ホームレスの中間ハウジングとなっていることが分かる。

　ただしこの調査は,都道府県からの厚労省からの依頼で上がってきたものであり,非回答の自治体などもあったろうし,また「法定外」のケア付支援住宅の,ケア付きの判断は各自治体の裁量に任せたこともある。その実態は,福祉事務所の窓口において生活保護を適用して脱ホームレスをした事例で,使った

中間ハウジングで、宿泊所ではないケースがケア付支援住宅になったのが大部分であったろうと推測される。福祉事務所がこうした住宅を使うときに、もちろん支援団体からの窓口への付添申請もあったであろうし、支援団体がない場合には福祉事務所の窓口の裁量で行った場合もあろう。その中間ハウジングがケア付きかどうかの中身のことまでは分からない調査であるという限界は有している。しかしながらこのボリューム感と都道府県別分布の知見は重要なものである。

◆ケア付支援住宅と無料低額宿泊所の関係

　素朴な疑問として、ではいったいこのケア付支援住宅の支援の実態とはどのようなものなのか、宿泊所と比較してどのような特徴を有するのか、制度的に単に賃貸アパートであるにもかかわらず、家賃に加えて食費やケア対価を必要とする背景は何なのか、残念ながらそうした疑問に応える個別の調査や全国的な調査は皆無に近いという状況にある。

　幸いなことに、2010年、2012年に行ったNPOホームレス支援全国ネットワークの調査において、宿泊所とケア付支援住宅を運営する団体が、「入居者調査」を行っていた。今回、宿泊所とケア付支援住宅を分けることによって、上記の疑問に若干応えることができたので、その知見を紹介したい。なお2012年調査は、全国で両者あわせて557事例を母数として調査を行っている。また2010年調査で対象となった事例で、2012年調査でも引き続き調査対象としたいわゆるパネル調査においては、母数は1,132事例となっている。なお2012年調査とこのパネル調査の母集団は別である。

　スライド2では、まず年齢区分別に見ると、2012年調査では、ケア付支援住宅においては、宿泊所よりも若い年代層がより多く利用している実態が見て取れる。精神、知的、身体の障がいの疑いも含めた率において、「無し」の回答がいずれの場合においても宿泊所の方がかなり高くなっており、ケア付支援住宅において、障がいを有する、あるいはその疑いのある人の率がかなり高くなっていることが分かる。精神においては、23.4%、知的では27.4%、身体においては13.7%となっており、宿泊所のそれぞれ、11.5%、6.0%、7.3%より著しく高くなっている。ただこの障がいの率については、スライド3のようにパネル調査では、ケア付支援住宅の方がやや高いが、無しの率はかなり上がっており、

傾向として，ケア付支援住宅の方にやや障がいをもった，あるいは疑いのある事例が多く見られる，という指摘にとどめておく。

アディクション関係については，スライド4を見ると，無しの比率がケア付支援住宅では64.3％であるのに比し，宿泊所では85.6％と大きな差があり，アルコールでは19.6％，7.7％，ギャンブルについては，24.4％，5.6％，薬物を除き，特にギャンブル依存の事例をより多く抱えている実態が分かる。この傾向は，以下表のパネル調査でもケア付支援住宅の方が，アディクションをもつ人の比率が高く出ており，一般的な傾向として指摘できるのではなかろうか。

スライド5では，ファーストコンタクトの実態が明らかになっているが，ケア付支援住宅において，利用者が野宿経験者であった率は48.3％，宿泊所は50.0％とほとんど変わらない。中間ハウジング運営団体による直接のアウトリーチによるファーストコンタクト率は，ケア付支援住宅で24.7％，宿泊所で22.7％とほとんど差はない。しかし，福祉事務所からのリファーが，前者で38.3％，後者が60.7％と大きく差が出ており，ケア付支援住宅ではその他リファーが23.0％，宿泊所では6.2％となっており，矯正施設や医療施設，他支援団体からの出口を求めての依頼の多いことが特色となっている。

スライド6でも示しているが，ケア数については，若干宿泊所の方が多めになっており11.5ケアで，ケア付支援住宅は6.7ケアとなっている。連動して入居期間においてもやや宿泊所の方がかなり長期になっている傾向が見られる。1年以上の入所期間の事例の率は，ケア付支援住宅において19.5％にあるのに対して，宿泊所では42.3％にもなっている。平均入所期間はケア付支援住宅で15.2ヵ月，宿泊所で26.6ヵ月となっている。

スライド7では，就労実態についての知見が得られる。パネル調査では，2012年3月31日時点で，就労している率が20.7％と宿泊所の22.4％とそれほど変わらないが，就労者の就労継続期間の長さについては，宿泊所の方がかなり長くなっている。ケア付支援住宅において1年以上の就労継続事例は33.3％に比し，宿泊所では56.1％にのぼっている。また非就労の率は，ケア付支援住宅で76.4％，宿泊所で68.4％と，やや前者が高く出ている。ケア付支援住宅の方に就労困難な人の率が高いことが指摘できよう。

簡単にまとめれば，宿泊所と同等の機能を果たしながら，年齢的には宿泊所より若い世代も多く見られ，利用期間は長短いろいろであるが，1年以上の入所期間が平均となり，障がいやアディクションの率が高く，福祉事務所の他に

矯正施設や医療施設，他団体からの依頼があり，就労状況に関しても宿泊所に比べやや短期で不安定になっているという実態が指摘できる。母数が地方都市の事例が多く，大都市圏で他の選択肢も比較的多いエリアでの宿泊所に比べ，さまざまな生活困窮要因を持つ層をとにかく受け入れている状況があぶり出されたといえる。

◆使えるハウジング資源の多くない地方都市の現状

　地方都市ではスライド1のように，使える中間ハウジングは，ケア付支援住宅しかない状況であった。しかし2008年のリーマンブラザーズショック後の，反貧困の流れが派遣村の登場により一気に強くなり，地方都市においても，緊急雇用創出基金の利用によって，緊急一時宿泊事業（シェルター事業）が動き始めたことは，脱ホームレス支援に新たな段階をもたらした。端的にいうとシェルター事業が，国の100％負担によって都道府県，政令指定都市によって動かすことができ，非政令指定都市は，都道府県からこの基金の利用を申請することによって使うことができるようになったのである。この事業により地方都市には選択肢が増えたことになった。この流れを整理することにより，宿泊所やケア付支援住宅の機能や果たすべき役割が明確化されたところがある。この点は後述するとして，このシェルター事業の特徴について概観しておきたい。
　2009年度に全国一斉にこの緊急一時宿泊事業が始まり，スライド8のように34自治体，42の宿泊施設を利用して，663人分の居室が確保され，まさしくシェルター事業として，利用者は短期間（最長3ヵ月まで）無料で食事付きで一人当たり5,700円前後の額で事業が補助されたのである（2012年度末で，54自治体，156施設，2,752人の定員となっている）。この事業の導入の特徴は，政令指定都市や単独の自治体が始めただけでなく，都府県もその県域全体でカバーするという，埼玉県，東京都，愛知県，京都府，大阪府，熊本県のような事例も登場し，これらの都府県では，県域のどこかでホームレス状況の人がSOSを発し，近隣の福祉事務所に駆け込んだときに，単独の自治体で行われているシェルター事業があれば，それとも連携しながら，シェルター利用が可能となったのである。
　予算的にはホームレス対策の範疇に位置付けられ，これによってホームレス対策の予算は，2008年度までは全国30億円規模で動いていたものが，一気に

100億円規模に増加することになった。その財源は，緊急雇用創出事業臨時特例交付金（住まい対策拡充等支援事業）のうちの，「社会的包摂・「絆」再生事業」として賄われたものである。

　大都市自治体，正確には仙台市，東京都23区，川崎市，横浜市，名古屋市，京都市，大阪市，大阪府（2010年度で終了），北九州市，福岡市，熊本市のみで動いていた直営のホームレス自立支援センターの運営がホームレス対策の中心であった（2012年度末では10自治体，22センター，1,832定員）。それ以外の都市では札幌市や岡山市で民間団体に補助事業として行うホームレス自立支援センターの機能を付加する取り組みが整備されていた。

　上記の都市では，ホームレス支援におけるフルセットの対応が可能になり，スライド9のように，中間ハウジングの選択肢がいくつか用意され，Ⅰ：就労自立＋生活自立強，Ⅱ：福祉自立＋生活自立強，Ⅲ：福祉自立＋生活自立強，Ⅳ：就労自立＋生活自立弱などの，さまざまな状況におかれた人々をまがりなりにもカバーできる体制で臨んでいる。

　そしていま注目しているのは，スライド10において強調している緊急一時宿泊事業，いわゆるシェルター事業の導入で，Ⅰ，Ⅱを少しでもカバーできる体制が，大都市圏内都市や地方都市にも導入されたのである。中間ハウジングを利用しての地方都市に打たれたホームレス対策としては初めての，かつ効果的な施策となったのである。ここで効果的という意味合いは，生活保護法の枠組みでしか動けなかった大都市圏，地方の自治体にとって，生活保護費を使わない脱ホームレス支援の道が初めて切り開かれたということを指している。

　この事業は各自治体によって個性が生じている。この個性は当該自治体が有する社会資源のありよう，具体的にはそのような社会資源を動かしている民間団体の存在，生活保護費の裁量的な使用に比較的慣れているというような福祉事務所のカラー，自治体トップの強力なガバナンスといった要因に規定され現れてきている。その結果として次の3つの特色指摘することができる。この3つの特色はエム・アール・アイ リサーチアソシエイツによるホームレス緊急一時宿泊事業の調査（2013年度厚労省社会福祉推進事業）で指摘されている点をもとに，本年度NPOホームレス支援全国ネットワークが実施しているシェルター調査（2014年度厚労省社会福祉推進事業）によって得られた知見を付加している。

　エム・アール・アイ リサーチアソシエイツの調査結果では，シェルター事

業に3つの特色を挙げているが，特色1については，1日シェルターや越年，越冬シェルター事業であるため大都市固有の施策として除外する。特色2の生活保護や障がい者手帳などが取れるまでの待機として使っている事例，特色3のホームレス自立支援センターや先進の無料低額宿泊所並みのケア，支援を行っている事例を挙げている点に注目したい。

スライド9の模式図でも描いているように，このシェルター事業が入ったことによって次のような流れが新たに生まれたといえる。すなわちホームレス状況の人々のアパート自立に向けて生活保護を打つその前段階にこのシェルターを利用し，生活保護へのスムーズな移行の道をつけたことである。大部分はあまり支障なく生活保護に移行できるIIのタイプの人々である。この道は福祉事務所段階において，生活保護を措置すれば居宅保護，そして何人かの人はしばらく後に就労への道が開けるといった（Iのタイプ），出口がはっきりした人に対してつけられるといってよい。これは上述した特色2のパターンであり，IやIIの層を対象にしてのこの道は，福祉事務所的には比較的処遇しやすいものとなっている。

しかしながら出口が見えにくい事例においては，この特色2のシステムでは，シェルター退所後のアフターケアが相当ないと再度生活困窮に，そしてホームレス状況に陥る可能性がある。スライド9で示している，生活自立弱のIII, IVの層である。特色3の場合には，シェルター入所時点において出口の見えにくい層に対しても相当なケアを投下し，支援団体に地力があるため，退所後もアフターケアや場合によっては自団体による無料低額宿泊所やケア付支援住宅につなぐケースも見られるが，これは少数事例である。

現実において大部分は特色2のケースとなるために，このルートにスムーズに乗れるI, IIの層は別にして，なかなかすぐには出口の見えないIII, IVの層に対しては，シェルターの次につながる中間ハウジングとして，本来ならば生活保護施設（地方都市の場合には救護施設）が機能すればよいが，そうした事例は一部であり，無料低額宿泊所かケア付支援住宅を頼りにするしかない。特色3を有さない多くの地域において，こうした中間ハウジングの資源も存在していない。ただ量的にこうした事例の発生がそれほど多くないこともあり，ケースワーカーのアフターケアで対応しているのが実態である。

このシェルター事業の知見からして，シェルター事業がなかった2009年以前において，スムーズに移行できる人も出口がなかなか見えない人も，ケア付支

援住宅が引き受けていたことが，改めて確認できる。すなわち事業を行っている団体は，シェルター的機能，ホームレス自立支援センター的機能，無料低額宿泊所的機能と，さまざまな機能を一手に無我夢中で動かしてきたことが明らかにされたといえる。ⅠからⅣまでの全象限のさまざまなタイプの層を引き受けていたということである。

　スライド10は，そうした状況を中間ハウジング資源のありようから図示したものである。シェルター事業が導入される以前では，ケア付支援住宅には，「ハウジング短期（リスタート）」，「ハウジング短中期（リハビリ＋就労支援）」，「ハウジング中期（リハビリ＋就労・生活支援）」「ハウジング中長期（リハビリ＋生活支援）」の人々が同居していたのである。登場したシェルター事業は最上段の「ハウジング短期（リスタート）」の層を引き受け，あるいはしばらく生活保護を利用しながら就労復帰に向かう2段目の「ハウジング短中期（リハビリ＋就労支援）」層も若干引き受けることができている。しかしすぐにはシェルターからの出口の見えない，あるいは出口が見えない層に関しては，このシェルター事業では対応しがたいところがあり，シェルターからの出口にはスライド10にも示しているが，どうしてもより中・長期の利用に対応できる中間ハウジング，あるいは強力なアフターケアが必要になってくるのである。

　これは2015年度から全国で施行される生活困窮者自立支援法下において，シェルター事業が一時生活支援事業に移ったところで，出口はこの新法では少なくとも中間ハウジングの観点からは考慮されていない。地方都市においては出口として，ケア付支援住宅が存在しないところには，スライド10の右側の太点線枠内に相当する事例の行き場がないのである。

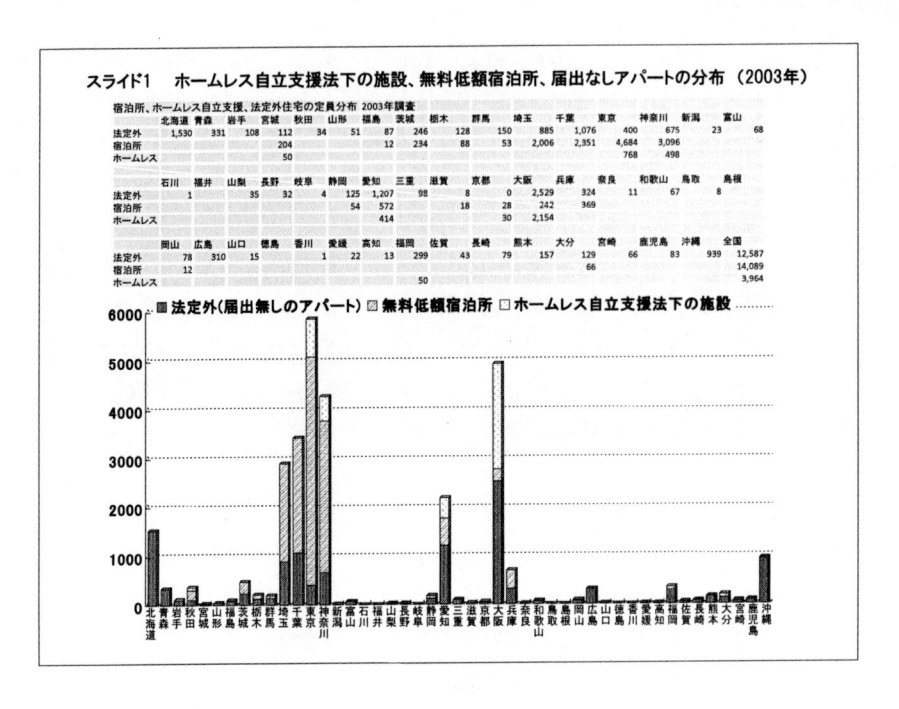

スライド1　ホームレス自立支援法下の施設、無料低額宿泊所、届出なしアパートの分布（2003年）

スライド2　2012年度「入居者調査」によるケア付支援住宅と無料低額宿泊所のデータ比較　その1

		宿泊所の種類				合計	
		ケア付住宅		宿泊所			
		度数	列のN%	度数	列のN%	度数	列のN%
年齢（再カテゴリ：35歳から10歳区分）	35歳未満	27	15.4%	23	6.1%	50	9.0%
	35歳以上～45歳未満	24	13.7%	58	15.3%	82	14.8%
	45歳以上～55歳未満	38	21.7%	78	20.6%	116	21.0%
	55歳以上～65歳未満	53	30.3%	129	34.1%	182	32.9%
	65歳以上	33	18.9%	90	23.8%	123	22.2%
	合計	175	100.0%	378	100.0%	553	100.0%
1-8-b　精神障害	支援開始前に手帳取得	0	.0%	2	.5%	2	.4%
	疑いあり	32	18.3%	30	7.9%	62	11.1%
	支援開始後に手帳取得	3	1.7%	10	2.6%	13	2.3%
	無し	134	76.6%	338	88.5%	472	84.7%
	無回答・不正回答	6	3.4%	2	.5%	8	1.4%
	合計	175	100.0%	382	100.0%	557	100.0%
1-8-c　知的障害	支援開始前に手帳取得	1	.6%	2	.5%	3	.5%
	疑いあり	26	14.9%	14	3.7%	40	7.2%
	支援開始後に手帳取得	14	8.0%	3	.8%	17	3.1%
	無し	127	72.6%	359	94.0%	486	87.3%
	無回答・不正回答	7	4.0%	4	1.0%	11	2.0%
	合計	175	100.0%	382	100.0%	557	100.0%
1-8-d　身体障害	支援開始前に手帳取得	7	4.0%	8	2.1%	15	2.7%
	疑いあり	5	2.9%	13	3.4%	18	3.2%
	支援開始後に手帳取得	2	1.1%	5	1.3%	7	1.3%
	無し	151	86.3%	354	92.7%	505	90.7%
	無回答・不正回答	10	5.7%	2	.5%	12	2.2%
	合計	175	100.0%	382	100.0%	557	100.0%

第11章 ホームレス支援における届出なしのケア付支援住宅の現状

スライド3　2012年度「入居者調査」によるケア付支援住宅と無料低額宿泊所のデータ比較　その2

2010年調査時の障害

<table>
<tr><th colspan="2"></th><th></th><th colspan="6">宿泊所の種類</th></tr>
<tr><th colspan="2"></th><th></th><th colspan="2">ケア付住宅</th><th colspan="2">宿泊所</th><th colspan="2">合計</th></tr>
<tr><th colspan="2"></th><th></th><th>度数</th><th>列のN%</th><th>度数</th><th>列のN%</th><th>度数</th><th>列のN%</th></tr>
<tr><td>1-8-b</td><td>精神障害</td><td>支援開始前に手帳取得</td><td>11</td><td>3.3%</td><td>12</td><td>1.5%</td><td>23</td><td>2.0%</td></tr>
<tr><td></td><td></td><td>疑いあり</td><td>77</td><td>23.2%</td><td>104</td><td>13.1%</td><td>181</td><td>16.1%</td></tr>
<tr><td></td><td></td><td>支援開始後に手帳取得</td><td>7</td><td>2.1%</td><td>20</td><td>2.5%</td><td>27</td><td>2.4%</td></tr>
<tr><td></td><td></td><td>無し</td><td>237</td><td>71.4%</td><td>657</td><td>82.8%</td><td>894</td><td>79.5%</td></tr>
<tr><td></td><td></td><td>合計</td><td>332</td><td>100.0%</td><td>793</td><td>100.0%</td><td>1125</td><td>100.0%</td></tr>
<tr><td>1-8-c</td><td>知的障害</td><td>支援開始前に手帳取得</td><td>2</td><td>.6%</td><td>8</td><td>1.0%</td><td>10</td><td>.9%</td></tr>
<tr><td></td><td></td><td>疑いあり</td><td>44</td><td>13.4%</td><td>66</td><td>8.3%</td><td>110</td><td>9.8%</td></tr>
<tr><td></td><td></td><td>支援開始後に手帳取得</td><td>1</td><td>.3%</td><td>21</td><td>2.6%</td><td>22</td><td>2.0%</td></tr>
<tr><td></td><td></td><td>無し</td><td>281</td><td>85.7%</td><td>700</td><td>88.1%</td><td>981</td><td>87.4%</td></tr>
<tr><td></td><td></td><td>合計</td><td>328</td><td>100.0%</td><td>795</td><td>100.0%</td><td>1123</td><td>100.0%</td></tr>
<tr><td>1-8-d</td><td>身体障害</td><td>支援開始前に手帳取得</td><td>12</td><td>3.7%</td><td>19</td><td>2.4%</td><td>31</td><td>2.8%</td></tr>
<tr><td></td><td></td><td>疑いあり</td><td>13</td><td>4.0%</td><td>28</td><td>3.5%</td><td>41</td><td>3.7%</td></tr>
<tr><td></td><td></td><td>支援開始後に手帳取得</td><td>2</td><td>.6%</td><td>29</td><td>3.7%</td><td>31</td><td>2.8%</td></tr>
<tr><td></td><td></td><td>無し</td><td>301</td><td>91.8%</td><td>713</td><td>90.4%</td><td>1014</td><td>90.8%</td></tr>
<tr><td></td><td></td><td>合計</td><td>328</td><td>100.0%</td><td>789</td><td>100.0%</td><td>1117</td><td>100.0%</td></tr>
</table>

スライド4　2012年度「入居者調査」によるケア付支援住宅と無料低額宿泊所のデータ比較　その3（「パネル調査」も利用）

<table>
<tr><th colspan="2"></th><th></th><th colspan="6">宿泊所の種類</th></tr>
<tr><th colspan="2"></th><th></th><th colspan="2">ケア付住宅</th><th colspan="2">宿泊所</th><th colspan="2">合計</th></tr>
<tr><th colspan="2"></th><th></th><th>度数</th><th>列のN%</th><th>度数</th><th>列のN%</th><th>度数</th><th>列のN%</th></tr>
<tr><td>1-8-a</td><td>アディクション</td><td>アルコール</td><td>33</td><td>19.6%</td><td>29</td><td>7.7%</td><td>62</td><td>11.4%</td></tr>
<tr><td></td><td></td><td>薬物</td><td>2</td><td>1.2%</td><td>7</td><td>1.9%</td><td>9</td><td>1.7%</td></tr>
<tr><td></td><td></td><td>ギャンブル</td><td>41</td><td>24.4%</td><td>21</td><td>5.6%</td><td>62</td><td>11.4%</td></tr>
<tr><td></td><td></td><td>その他</td><td>6</td><td>3.6%</td><td>7</td><td>1.9%</td><td>13</td><td>2.4%</td></tr>
<tr><td></td><td></td><td>無し</td><td>108</td><td>64.3%</td><td>322</td><td>85.6%</td><td>430</td><td>79.0%</td></tr>
<tr><td></td><td></td><td>合計</td><td>168</td><td>100.0%</td><td>376</td><td>100.0%</td><td>544</td><td>100.0%</td></tr>
</table>

2010年調査時のアディクション

<table>
<tr><th colspan="2"></th><th></th><th colspan="6">宿泊所の種類</th></tr>
<tr><th colspan="2"></th><th></th><th colspan="2">ケア付住宅</th><th colspan="2">宿泊所</th><th colspan="2">合計</th></tr>
<tr><th colspan="2"></th><th></th><th>度数</th><th>列のN%</th><th>度数</th><th>列のN%</th><th>度数</th><th>列のN%</th></tr>
<tr><td>1-8-a</td><td>アディクション</td><td>アルコール</td><td>97</td><td>29.4%</td><td>89</td><td>11.3%</td><td>186</td><td>16.7%</td></tr>
<tr><td></td><td></td><td>薬物</td><td>18</td><td>5.5%</td><td>7</td><td>.9%</td><td>25</td><td>2.2%</td></tr>
<tr><td></td><td></td><td>ギャンブル</td><td>52</td><td>15.8%</td><td>57</td><td>7.3%</td><td>109</td><td>9.8%</td></tr>
<tr><td></td><td></td><td>その他</td><td>4</td><td>1.2%</td><td>5</td><td>.6%</td><td>9</td><td>.8%</td></tr>
<tr><td></td><td></td><td>無し</td><td>190</td><td>57.6%</td><td>641</td><td>81.6%</td><td>831</td><td>74.5%</td></tr>
<tr><td></td><td></td><td>合計</td><td>330</td><td>100.0%</td><td>786</td><td>100.0%</td><td>1116</td><td>100.0%</td></tr>
</table>

スライド5　2012年度「入居者調査」によるケア付支援住宅と無料低額宿泊所のデータ比較　その4

		宿泊所の種類					
		ケア付住宅		宿泊所		合計	
		度数	列のN%	度数	列のN%	度数	列のN%
直前居住とコンタクトの組合せ	野宿、アウトリーチ	35	20.6%	77	20.8%	112	20.7%
	野宿、施設系	0	.0%	1	.3%	1	.2%
	野宿、福祉事務所	27	15.9%	80	21.6%	107	19.8%
	野宿、その他レファー	10	5.9%	6	1.6%	16	3.0%
	野宿、本人	10	5.9%	21	5.7%	31	5.7%
	非野宿、アウトリーチ	7	4.1%	7	1.9%	14	2.6%
	非野宿、施設系	3	1.8%	9	2.4%	12	2.2%
	非野宿、福祉事務所	38	22.4%	145	39.1%	183	33.8%
	非野宿、その他レファー	29	17.1%	17	4.6%	46	8.5%
	非野宿、本人	11	6.5%	8	2.2%	19	3.5%
	合計	170	100.0%	371	100.0%	541	100.0%
支援メニュー数（再カテゴリ）	3個以下	18	10.3%	14	3.7%	32	5.7%
	4～5個以下	33	18.9%	59	15.4%	92	16.5%
	6～7個以下	18	10.3%	54	14.1%	72	12.9%
	8～10個以下	28	16.0%	68	17.8%	96	17.2%
	11個以上	78	44.6%	187	49.0%	265	47.6%
	合計	175	100.0%	382	100.0%	557	100.0%
入居期間（再カテゴリ2）	1ヶ月未満	24	13.8%	40	10.8%	64	11.8%
	1ヶ月以上～3ヶ月未満	29	16.7%	56	15.2%	85	15.7%
	3ヶ月以上～半年未満	44	25.3%	52	14.1%	96	17.7%
	半年以上～1年未満	43	24.7%	65	17.6%	108	19.9%
	1年以上～2年未満	26	14.9%	101	27.4%	127	23.4%
	2年以上～3年未満	4	2.3%	21	5.7%	25	4.6%
	3年以上～5年未満	3	1.7%	15	4.1%	18	3.3%
	5年以上	1	.6%	19	5.1%	20	3.7%
	合計	174	100.0%	369	100.0%	543	100.0%

スライド6　2012年度「入居者調査」によるケア付支援住宅と無料低額宿泊所のデータ比較　その5

2012年調査時

		宿泊所の種類					
		ケア付住宅		宿泊所		合計	
		度数	列のN%	度数	列のN%	度数	列のN%
年齢（再カテゴリ：35歳から10歳区分）	35歳未満	22	6.6%	37	4.6%	59	5.2%
	35歳以上～45歳未満	35	10.5%	74	9.3%	109	9.6%
	45歳以上～55歳未満	60	18.0%	115	14.4%	175	15.5%
	55歳以上～65歳未満	115	34.5%	318	39.8%	433	38.3%
	65歳以上	101	30.3%	254	31.8%	355	31.4%
	合計	333	100.0%	798	100.0%	1131	100.0%
継続入居と移行先	継続入居	241	78.5%	495	68.5%	736	71.5%
	住居移行	44	14.3%	158	21.9%	202	19.6%
	施設移行	8	2.6%	48	6.6%	56	5.4%
	失踪・死亡・その他	14	4.6%	22	3.0%	36	3.5%
	合計	307	100.0%	723	100.0%	1030	100.0%
入居期間：退所者（再カテゴリ1）	半年未満	14	23.0%	22	9.7%	36	12.5%
	半年以上～1年未満	18	29.5%	40	17.7%	58	20.2%
	1年以上～2年未満	19	31.1%	64	28.3%	83	28.9%
	2年以上～3年未満	6	9.8%	49	21.7%	55	19.2%
	3年以上～5年未満	1	1.6%	31	13.7%	32	11.1%
	5年以上	3	4.9%	20	8.8%	23	8.0%
	合計	61	100.0%	226	100.0%	287	100.0%
入居期間（再カテゴリ1）	半年未満	0	.0%	0	.0%	0	.0%
	半年以上～1年未満	0	.0%	0	.0%	0	.0%
	1年以上～2年未満	39	21.7%	58	11.9%	97	14.5%
	2年以上～3年未満	59	32.8%	129	26.4%	188	28.1%
	3年以上～5年未満	59	32.8%	166	33.9%	225	33.6%
	5年以上	23	12.8%	136	27.8%	159	23.8%
	合計	180	100.0%	489	100.0%	669	100.0%

第11章 ホームレス支援における届出なしのケア付支援住宅の現状

**スライド7　2012年度「入居者調査」によるケア付支援住宅と無料低額宿泊所のデータ比較　その6
（「パネル調査」も利用）**

		宿泊所の種類					
		ケア付住宅		宿泊所		合計	
		度数	列のN%	度数	列のN%	度数	列のN%
3-8　2012年3月31日時点の就労状況	就労	52	20.7%	134	22.4%	186	21.9%
	非就労	198	78.9%	428	71.7%	626	73.8%
	不明	1	.4%	35	5.9%	36	4.2%
	合計	251	100.0%	597	100.0%	848	100.0%
3-8　2012年3月31日時点の就労期間	～3ヶ月	13	27.1%	8	6.2%	21	11.9%
	3～6ヶ月	7	14.6%	9	7.0%	16	9.0%
	6ヶ月～1年	11	22.9%	21	16.3%	32	18.1%
	1年～	16	33.3%	75	58.1%	91	51.4%
	不明	1	2.1%	16	12.4%	17	9.6%
	合計	48	100.0%	129	100.0%	177	100.0%
3-10　入居後から2012年3月31日までの最長就業継続期間	非就労	181	76.4%	401	68.4%	582	70.7%
	～3ヶ月	18	7.6%	22	3.8%	40	4.9%
	3～6ヶ月	9	3.8%	14	2.4%	23	2.8%
	6ヶ月～1年	9	3.8%	23	3.9%	32	3.9%
	1年～	18	7.6%	77	13.1%	95	11.5%
	不明	2	.8%	49	8.4%	51	6.2%
	合計	237	100.0%	586	100.0%	823	100.0%

スライド8　2009年度　緊急一時宿泊事業実施自治体一覧　42か所　663人

自治体	施設数	定員
札幌市	1ヵ所	20人
仙台市	1ヵ所	10人
前橋市※	1ヵ所	2人
埼玉県	1ヵ所	10人
さいたま市	1ヵ所	14人
千葉市※	1ヵ所	5人
船橋市※	1ヵ所	10人
東京都	5ヵ所	150人
横浜市※	2ヵ所	30人
新潟市	1ヵ所	10人
福井県	1ヵ所	8人
福井市	1ヵ所	5人
敦賀市	1ヵ所	3人
小浜市	1ヵ所	3人
愛知県	2ヵ所	3人
名古屋市	2ヵ所	138人
岡崎市	1ヵ所	21人
春日井市	1ヵ所	5人
碧南市	1ヵ所	5人
安城市	3ヵ所	30人
京都府	4ヵ所	7人
京都市	3ヵ所	5人
大阪府	1ヵ所	3人
大阪府	4ヵ所	4人
高槻市	1ヵ所	1人
兵庫県※	2ヵ所	20人
和歌山市	1ヵ所	10人
岡山市	1ヵ所	8人
倉敷市	1ヵ所	4人
下関市※	1ヵ所	24人
熊本県	1ヵ所	7人
熊本市	1ヵ所	3人
那覇市	1ヵ所	18人
石垣市	1ヵ所	4人

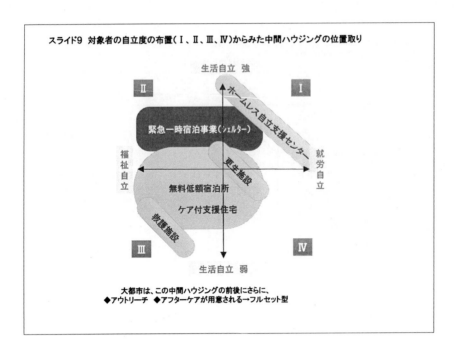

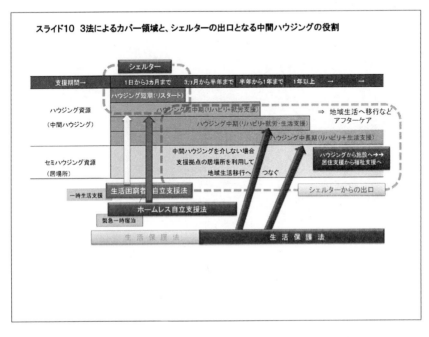

第12章　日韓の社会的企業が取り組む居住福祉問題

　　　　　　　　　　　　　　　　　　　　水野　有香

住まいの貧困という問題

　日本では，非正規雇用等の不安定な働き方が広がる中で，貧困や格差といった問題が可視化されてきている。生活の基盤となる住居の問題は貧困と直結しており，高齢者だけでなく，若い世代においても安定した住まいを持てない人が増えるなど深刻化している。路上生活者，ネットカフェ・ファーストフード店などの深夜も営業している店や友人宅を渡り歩くホームレス状態の人々のみならず，住所があっても「脱法ハウス」などで安心・安定して住まうことができない人々もまた「住まいの貧困」問題を抱える層である。

　くわえて，その予備軍も少なくない。年金の少ない単身高齢者は，ひとたび住まいを失えば次の住まいを借りようとしても入居拒否に遭いやすい。また，非正規雇用等で年収が低い若年層では，親と同居して貧困を回避しているケースも多く，その基盤が崩れれば同じ問題を抱える。

　同様の現象は，東アジア諸国においても見られる。本章では，居住福祉の向上に取り組む日本と韓国の社会的企業の視点からこの問題を考えたい。

社会的企業を取り巻く各国の環境

①日本

　社会的企業とは何か。一般的には，NPOや協同組合等の非営利組織を指すと考えられているが，株式会社の形態をとっている組織もあり，その定義は国や組織によって異なっている。とはいえ共通するのは，社会的課題の解決に取り組むことを事業活動のミッションとする「社会性」と，収益を上げながらこれらの課題を解決する「事業性」を兼ね備えているという点である（みずほ総合研究所　2010：1）。

　社会的企業に関する法的根拠がない日本では，その定義は個別的かつ流動的であるが，協同組合運動や障がい者運動などを通じて1970年代から着実にその基盤が築かれてきた。

　また，日本では長らくサードセクターの事業体は浸透してこなかったが，近

年，自立支援政策や震災復興政策等の社会政策の担い手として活躍の場が広がってきたことで，その発展・拡大の可能性が高まっている。2015年4月から施行される生活困窮者自立支援法もその一つとなりうる。

②韓国

　一方，韓国では2007年に社会的企業育成法が制定された。同法は，社会的企業を支援して社会サービスを充実させ，新しい雇用を創出することにより，社会統合と国民の生活の質の向上に寄与することを目的としている。2010年の改正により「地域社会貢献型」の社会的企業も認められたが，依然として大多数は「仕事提供型」であり，雇用創出の意味合いが強い。同法は雇用労働部の所管であるが，国民基礎生活保障法（2000年施行）における自活支援事業が基盤となっており，実際の機能としては社会保障・福祉と密接な関係を持っている。韓国では，社会的企業以外にも，マウル企業や協同組合，自活企業など類似した事業があり，近年それが「社会的経済」という概念でまとめられるようになってきている。

　社会問題の解決に取り組む社会的企業は，一般の企業とは異なるユニークな事業領域にも進出しておりその分野は多様であり，環境・文化・社会福祉で特に多くなっている。本章で扱う居住福祉は，社会福祉に重なるものが多いと考えられる。

　金（2012）によれば，居住セーフティネットが脆弱で居住貧困の問題が深刻であった韓国では，公共賃貸住宅の供給を中心とした政策により，住宅の絶対貧困状況を克服し，2010年以降居住福祉政策において重要な転換期を迎えている。市場機能と調和を成す形で，「必要なところに適切な負担で利用することができるよう」内容の充実を図ることが重要になっている。その際に住民に寄り添ったきめ細かい事業が展開できるのが社会的企業の強みである。

居住福祉に取り組む社会的企業

　ここで，居住福祉に取り組む日韓の社会的企業を各1事例紹介したい。

①日本：ビッグイシュー基金

　ビッグイシュー日本を母体とするビッグイシュー基金は非営利団体として

2007年に設立され，2008年からはNPO法人の認証を受け活動している。ビッグイシュー日本が取り組むホームレスの仕事づくりだけではホームレスの人々の自立は難しく，自立に向けた総合的なサポートをビッグイシュー基金が担っている。

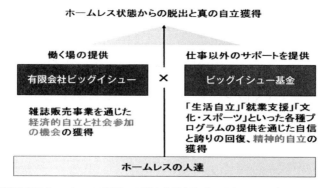

（出典）経済産業省「ソーシャルビジネス55選」有限会社ビッグイシュー日本
www.meti.go.jp/policy/local_economy/sbcb/data55sen/p082_083.pdf

図12-1　ビッグイシューの事業モデル

　同法人は，ホームレスの自立応援，問題解決のネットワークづくりと暮らしの基盤をつくる住宅手当などの政策提言，ボランティア活動と市民参加を柱に事業を展開している。ホームレスの自立応援プログラムの一つとして取り組まれる生活自立支援は居住福祉につながるものであり，生活の基盤づくりとして非常に重要である。具体的には，定期的な健康診断，精神的なケアにつなぐ相談，住宅・生活相談，貯金奨励などの活動を行っている。
　一般的に，さまざまなネットワークから排除されたホームレス状態の者にとって，部屋を借りることは何重ものハードルがある。ビッグイシューでは，販売者が仕事により所得や自信を得て，不安の多い住宅・生活に関する相談などをトータルでサポートしてもらえることでハードルをかなり下げることができているのではないだろうか。こうした仕事と生活のトータルサポートの実績は，社会的企業の一つのモデルとなるだけでなく，行政の生活困窮者自立支援法制度などにも生かされていくであろう。

②韓国：コルモクパラム（路地の風）

　2011年に社会福祉士の若者たちによって開業した「コルモクパラム（路地の風）」は，社会的「不動産仲介」企業である。「家は人権」と考えており，生活困窮者や障がい者には無料で物件を紹介し，若者たちの居場所づくりも手がけている。その特徴は以下の4点である。

　第1に，生活に困っている人々（生活保護受給者，独り暮らしの高齢者，医療支援を受けている障がい者，ひとり親家庭など）から仲介手数料をもらわず，物件を無料で紹介する取り組みである。一般の仲介業者では「利益になりにくい」と判断されやすい人々に無料で物件を紹介することで，社会的排除のリスクを少しでも軽減させようとしている。約1割がこうした人々である。

　第2に，地方から出てきた孤立しがちな若者たちが集まる「居場所づくり」に取り組むことで，彼らがともに助け合える環境をつくり出そうとしていることである。バーベキューやハイキング，住居福祉についての勉強会などを通じて交流を深めている。

　第3に，一般の人々から集めた仲介料の3％をNGOに寄付する「手数料の分かち合い運動」を行っている。

　第4に，社会福祉士のノウハウと知見を生かし，障がい者やお年寄りに暮らしやすい物件を紹介する「オーダーメイド仲介」を行っている。家を借りる人にちゃんとした情報を提供できる社会福祉的な感覚を大切にし，公認仲介士と福祉士の両方の資格を持ち，その二つの中間の領域で，複合的な役割を果たしていく組織を目指している。

　同組織は，政府や企業等から資金援助を受けることなく経済的に自立した運営をしており，社会的企業の認定に向けても積極的である（ビッグイシュー2012：16）。

おわりに

　ボランティアではなく「事業」として社会問題に取り組む社会的企業のあり方は，実行力や継続性を高める点でも有効である。居住福祉の分野においても社会的企業が増加し，住民に寄り添ったきめ細かい事業を展開しながら社会に働きかけていくことで，環境改善が進んでいくであろう。

　もちろん，暮らしの基盤となる住居の問題は，行政の政策としてマクロの視

野できちんと保障していく必要があるが,社会的企業や自治体に家主が協力し,空き家を困窮者のシェルターなどに活用する新しい取り組みも進んでおり,このような地道な取り組みを積み重ねることで,貧困拡大にストップをかけることも重要である。

　また,2015年4月から生活困窮者自立支援法が施行される。不安定な雇用が増える中で,社会保険制度・労働保険制度(第1のセーフティネット)と生活保護制度(最後のセーフティネット)にくわえ,生活保護に至る前の段階から生活困窮者[1]に支援を行う生活困窮者支援制度が第2のセーフティネットとして取り入れられる。

　同制度では,ワンストップ型の自立相談支援事業で包括的な相談支援を行った上で,本人の状況に応じた支援を行う。その中には,居住の確保支援として就職活動を支えるため家賃費用を有期で給付する「住居確保給付金」や,緊急的な支援として住居喪失者に対し支援方針決定までの間衣食住を提供する一時生活支援事業が含まれ,最低限の住居保障が行われる。このワンストップ型の支援は非常に有効であるが,運営は容易ではないだろう。この自立相談支援事業の相談支援センターや一時生活支援事業の受託先として社会的企業も想定されており,各分野での実績を生した活躍が期待される。

参考文献

金秀顯(2012)「韓国の住宅政策と居住福祉政策」日本居住福祉学会『居住福祉研究』13号,pp.26-38.

ビッグイシュー(2012)「いま,社会的企業。韓国の現場から」『ビッグイシュー日本版』191号,pp.10-19

みずほ総合研究所(2010)『注目高まる社会的企業:社会性と事業性を兼ね備えた新たな事業形態とは(みずほ政策インサイト)』。

---

[1] 生活困窮者自立支援法の対象者は,生活保護受給者以外の生活困窮者である。失業者,多重債務者,ホームレス,ニート,引きこもり,高校中退者,障がいが疑われる者,矯正施設出所者など,さまざまな人たちが考えられ,こうした複合的な課題を抱え,これまで「制度の狭間」に置かれてきた人たちが含まれる。

第13章　団塊の世代を中心とした高齢期の居住に関する意識

黒木　宏一

はじめに

　これまでの高齢者の居住環境を振り返れば，自宅（在宅）での生活が困難となる場合，特別養護老人ホーム（特養）や老人保健施設（老健）などの入所施設へ居住の場を移さざるを得なかった。その居住環境も，1990年代以前では，住宅スケールをはるかに超えた大規模な施設空間，プライベートな環境を保持しにくい多床室での暮らし，集団処遇のケアなど，高齢者の居住環境は，決して豊かなものではなかった。近年では，特別養護老人ホームを例にとれば，多床室から個室化へ，大規模な施設空間・ケア単位をより小規模へ（ユニットケア）など，その居住環境の改善が見られ，施設から住まいへの転換が図られている。また，小規模多機能型居宅介護に見られる地域密着型サービスも展開され，施設中心の暮らしから，在宅へ，さらには地域へといった試みもみられる。
　一方で，これらの施設やサービスは，これまでの高齢者に照準を合わせたもの，もしくは老人福祉法施行以来の施設体系から発展してきたものである。超高齢社会を迎え，これからの高齢者層の中心となる「団塊の世代」は，ライフスタイルや生活に対する意識，価値観が従来の高齢者とは異なる可能性が高く，従来通りの施設体系，介護サービスでは，「団塊の世代」が求める居住と乖離してしまう危険性をはらんでいる。
　そこで，本章では，2013年度に実施した，新潟市中央区在住の50代から80代までの世代を対象としたアンケート調査[1]をもとに，団塊の世代における暮らしの現状，これからの暮らしや住まいに対する意識を捉え，これからの高齢者福祉のあり方を考えてみたい。

---

[1] 新潟県中央区に在住の50～80代を対象とした，暮らしや住まいの現状とこれからの居住に関するアンケートを実施した。調査時期は2013年9～10月であり，配布数600，有効回答数233，回収率34％であった。

外出行動からみた地域生活（図13-1）

　図13-1は，普段外出する場所に関しての回答結果である。外出行動は，どの年代においても，買い物や通院などの日常生活に不可欠な外出が2～3割を占めるものの，5割以上が趣味・遊楽といった積極性を有する外出行動である。具体的には百貨店への買い物や，習い事，外食，ツアー旅行，温泉などで，50代に比べ，60～80代での割合が高い。このことは，団塊の世代やそれ以上の高齢者の暮らしが，非常に積極的・能動的であることを示している。また，積極的な外出行動に伴い，不特定多数（固定メンバーではない多様な他者）と関わるきっかけも多くなる傾向にある。

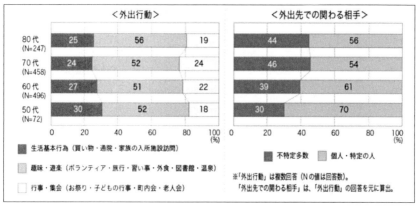

図13-1　外出行動からみた地域生活

親しい友人との関わり（図13-2）

　図13-2は，特に親しい友人との関わり方と頻度を示したもので，その内訳は「直接顔を合わせてのおしゃべり」,「メールや電話」,「インターネットを通じたSNSでのやりとり」,「食事」,「趣味を通じて」,「日帰り温泉」,「旅行」の7項目である。関わり方とその頻度を年代別にみると，50代では，項目全般に渡り回答数が少ない。仕事などで自由な時間が持てない状況が，関わりの低さにつながっていると考えられる。一方で，60代，70代では，日帰り温泉や旅行での関わりが，年数回・月数回あり，趣味を通じての関わりは，月数回，週1

〜2回と頻繁である。また，コミュニケーション手段も，直接会ってのおしゃべりだけでなく，電話やメールでのやりとりも週3〜4回，週1〜2回の順に多い。インターネットを通じた関わりも50代はもとより，60代，70代にも散見される。これらを踏まえると，60代，70代の世代では，活動性の高い内容での関わり方が展開されており，コミュニケーション手段も，おしゃべりだけでなく，電話やメール，インターネットといった，「直接顔を合わせない関わり方」も多い。このことは，従来の高齢者のつきあいといえば，地縁を基盤とした隣近所，地域という枠組みでの関わりがイメージされがちであったが，これらの結果からは，その関わり方が質的に変化・多様化してきているといえるであろう。

　友人との関わる内容や頻度の他に，どの程度IT機器が利用されているかを明らかにするために，情報取得のツールに関する質問項目を設けた。この結果からは，携帯電話やスマートフォン，PCやタブレット端末からの情報取得が，50代は4割弱を示したが，60代，70代でも3割程度みられた。これらの結果からも，コミュニケーション手段の一つとしてIT機器が活用されはじめている様子がうかがえる。

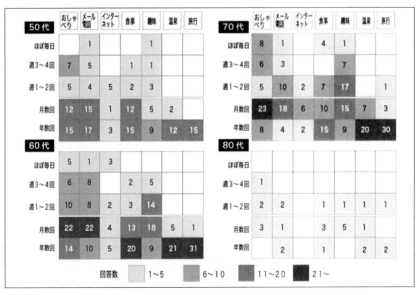

図13-2　親しい友人との関わり方・頻度

今後の居住について（図13-3）

　50～80代の今後の居住に関して，特別養護老人ホームを代表とする高齢者福祉施設への入居の意志や，それ以外の住まいへの希求度などから見ていきたい。高齢者の，特に終末期までの居住の選択肢として，特別養護老人ホームへの入所が挙げられるが，その入居の意志やその理由について尋ねた。特養への入居の意志は，どの年代も8割以上が入居に否定的であった。その理由として，「自宅で生活したい」・「住環境・サービスの質が悪い」・「共同生活ができない」といった意見が挙げられ，これまで暮らしてきた自宅と施設との居住環境の違いや，そもそもの居住環境の質の悪さ，不特定多数による集団生活の抵抗感からもたらされている。逆に入居を肯定的に捉えている意見としては，「家族に迷惑をかけたくない」とするものが多数で，非常にネガティブな理由であった。今回の調査では，自宅で自立して暮らしている50～80代が対象であるため，特養入居の必要性を低く感じていることが結果に影響を与えていることも考えられるが，逆に，自由に居住選択ができる高齢者の，率直な意見としても捉えることができる。老後の住まいはどういったものが良いかについては，どの年代も圧倒的に「自宅」の割合が高く，60代以上は7割強を示している。「高齢者施設」は，80代で2割程度，その他の世代は1割に満たない。また，50代から70代にかけて，特に50代では，「高齢者向けマンション」といった選択肢も2割程度見られる。これらの結果は，近年取りざたされている特養入所の待機高齢者の課題からは，あまり見えてこない「高齢者当人の声」であると共に，今後の居住は，自宅もしくは施設といった二者択一ではなく，高齢者マンションといった，新たな選択肢が誕生してきている。加えて，「老後一緒に暮らす相手に望むこと」という設問を設け，コレクティブ居住やシェア居住といった，近年見られる新しい居住形態・共同居住への許容度を確認した。その結果，他者（他人）と共同生活はできないという回答はどの年代も2割程度であり，条件さえ合えば，共同生活は可能といった回答が大半を占める。このことも，新しい居住形態の受け入れを潜在的に許容していると見て取れ，老後の居住の選択肢の幅を広げられる可能性を有する。

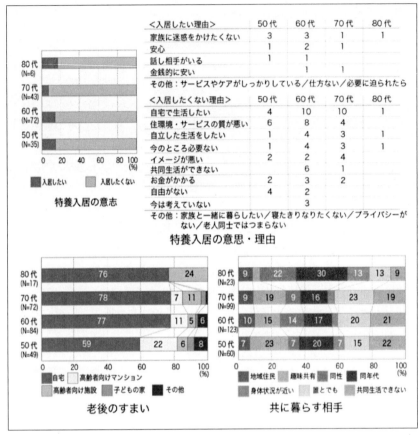

図13-3 今後の居住について

おわりに

　50代から80代という，団塊の世代を中心とした世代の居住の意識に関して考察してきた。新潟市中央区という限られたエリアでの調査であるため，一般的な傾向として提示することは難しい。しかしながら，これらの調査から見出せることは，これまでのように，65歳以上を「高齢者」と一括りで捉えることは難しく，特に団塊の世代前後では，これまでの高齢者とは異なる価値観を有している。加えて，団塊の世代を中心とした世代は，老後はのんびりと暮らす，もしくは暮らしているというよりは，むしろ能動的に活動し，多様な手段で他

者と関わるといった暮らしのアクティブさが見て取れる。これからの居住の選択についても，自宅か施設か，といった二者択一の狭い選択ではなく，高齢者マンションはもとより，コレクティブ居住，シェア居住といった，多様な居住スタイルを受け入れる，もしくは選択できるといった潜在的な意識も有している。

　これまでの高齢者福祉では，介護保険制度という枠組みの中で，トップダウンの形で居住の形が提示され，それを受動的に選ぶという形が主であった。おそらくその選択も本人というよりは，家族の意思が大きく作用していたはずである。しかしながら，今日的な高齢者，特に「団塊の世代」においては，老後の居住を主体的に選び取る意思も見て取れる。これからの高齢者の居住を支える一つの方向性として，高齢者の主体的な居住の選択をサポートする仕組みが必要であるとともに，高齢者が与えられた居住に受動的に入る時代から，主体的に選ぶ時代へと変わる中，新たな高齢者福祉のあり方を検討・再構築することが求められる。

【著者紹介】

全　泓奎（じょん　ほんぎゅ）　第1章
　　大阪市立大学都市研究プラザ教授

野村恭代（のむら　やすよ）　第2章
　　大阪市立大学生活科学部准教授

岡本祥浩（おかもと　よしひろ）　第3章
　　中京大学総合政策学部教授

中山　徹（なかやま　とおる）　第4章
　　大阪府立大学人間社会学部教授

神野武美（じんの　たけよし）　第5章
　　フリージャーナリスト

小板橋恵美子（こいたばし　えみこ）　第6章
　　淑徳大学看護栄養学部准教授

閻　和平（えん　わへい）　第7章
　　大阪商業大学大学院地域政策学研究科教授

小林　真（こばやし　まこと）　第8章
　　一般社団法人近畿パーソナルサポート協会理事長

石川久仁子（いしかわ　くにこ）　第9章
　　大阪人間科学大学人間科学部准教授

コルナトウスキ ヒェラルド（Kornatowski Geerhardt）　第10章
大阪市立大学都市研究プラザ特別研究員

水内俊雄（みずうち　としお）　第11章
大阪市立大学都市研究プラザ教授

水野有香（みずの　ゆか）　第12章
名古屋経済大学経済学部准教授

黒木宏一（くろぎ　ひろかず）　第13章
新潟工科大学工学部准教授

URP「先端的都市研究」シリーズ　刊行の言葉

　本ブックレットシリーズは、大阪市立大学都市研究プラザ（Urban Research Plaza = URP）が、文部科学省の助成を受けて共同利用・共同研究拠点形成事業の一環として取り組んでいる先端的都市研究や、それを踏まえた教育実践の成果を、多くの人々に共有していただくことを目的として刊行するものである。社会に開かれた「広場」において、まちづくりの実践から学び、その成果をまちづくりの実践へと還元していくことこそが、本拠点の目指すところである。本ブックレットシリーズが、大阪のみならず全国各地において、まちづくりの実践に活かしていただけるならば、これに優る喜びはない。

　平成27年3月

　　　　　　　　　　　　　　大阪市立大学都市研究プラザ（URP）所長　阿部昌樹

OMUPブックレット　刊行の言葉

　今日の社会は、映像メディアを主体とする多種多様な情報が氾濫する中で、人類が生存する地球全体の命運をも決しかねない多くの要因をはらんでいる状況にあると言えます。しかも、それは日常の生活と深いかかわりにおいて展開しつつあります。時々刻々と拡大・膨張する学術・科学技術の分野は微に入り、細を穿つ解析的手法の展開が進む一方で、総括的把握と大局的な視座を見失いがちです。また、多種多様な情報伝達の迅速化が進む反面、最近とみに「知的所有権」と称して、一時的にあるにしても新知見の守秘を余儀なくされているのが、科学技術情報の現状と言えるのではないでしょうか。この傾向は自然科学に止まらず、人文科学、社会科学の分野にも及んでいる点が今日的問題であると考えられます。

　本来、学術はあらゆる事象の中から、手法はいかようであっても、議論・考察を尽くし、展開していくのがそのあるべきスタイルです。教育・研究の現場にいる者が内輪で議論するだけでなく、さまざまな学問分野のさまざまなテーマについて、広く議論の場を提供することが、それぞれの主張を社会共通の場に提示し、真の情報交換を可能にすることに疑いの余地はありません。

　活字文化の危機的状況が叫ばれる中で、シリーズ「OMUPブックレット」を刊行するに至ったのは、小冊子ながら映像文化では伝達し得ない情報の議論の場を、われわれの身近なところから創設しようとするものです。この小冊子が各種の講演、公開講座、グループ読書会のテキストとして、あるいは一般の講義副読本として活用していただけることを願う次第です。また、明確な主張を端的に伝達し、読者の皆様の理解と判断の一助になることを念ずるものです。

　平成18年3月

　　　　　　　　　　　　　　　　　　OMUP設立五周年を記念して
　　　　　　　　　　　　　　　　　　大阪公立大学共同出版会（OMUP）

OMUPの由来

大阪公立大学共同出版会(略称OMUP)は新たな千年紀のスタートともに大阪南部に位置する5公立大学、すなわち大阪市立大学、大阪府立大学、大阪女子大学、大阪府立看護大学ならびに大阪府立看護大学医療技術短期大学部を構成する教授を中心に設立された学術出版会である。なお府立関係の大学は2005年4月に統合され、本出版会も大阪市立、大阪府立両大学から構成されることになった。また、2006年からは特定非営利活動法人(NPO)として活動している。

Osaka Municipal Universities Press (OMUP) was established in new millennium as an association for academic publications by professors of five municipal universities, namely Osaka City University, Osaka Prefecture University, Osaka Womens's University, Osaka Prefectural College of Nursing and Osaka Prefectural College of Health Sciences that all located in southern part of Osaka. Above prefectural Universities united into OPU on April in 2005. Therefore OMUP is consisted of two Universities, OCU and OPU. OMUP has been renovated to be a non-profit organization in Japan since 2006.

OMUPブックレット No.52
居住福祉を切り拓く居住支援の実践

2015年3月1日　初版第1刷発行

編著者	日本居住福祉学会・大阪市立大学都市研究プラザ
発行者	足立　泰二
発行所	大阪公立大学共同出版会（OMUP） 〒599-8531　大阪府堺市中区学園町1－1 大阪府立大学内 TEL　072(251)6533　FAX　072(254)9539
印刷所	和泉出版印刷株式会社

©2015 日本居住福祉学会, 大阪市立大学都市研究プラザ
ISBN978－4－907209－36－0 Printed in Japan